Möchten Sie diese Interpretationshilfe lieber am PC oder auf Ihrem Smartphone nutzen? Über folgenden Zugangscode können Sie die digitale Version dieses Bandes freischalten.

WWW.LEKTUEREN-VERSTEHEN.DE

Ihr persönlicher E-Book-Code:

7064-4-XUNAL7F9

Alle weiteren Infos finden Sie unter:
www.bange-verlag.de/E-Book

KÖNIGS ERLÄUTERUNGEN

BAND 377

Textanalyse und Interpretation zu

Katharina Hacker

DIE HABENICHTSE

Sven Jacobsen

Alle erforderlichen Infos zur Analyse und Interpretation plus Musteraufgaben mit Lösungsansätzen

Bange Verlag

Zitierte Ausgaben:
Katharina Hacker: *Die Habenichtse*. Ditzingen: Reclams Universal-Bibliothek Nr. 14232, 2022. Zitiert als R.
Katharina Hacker: *Die Habenichtse*. Roman. Frankfurt am Main: Fischer Taschenbuch, 2. Aufl. 2017. Zitiert als F.

Über den Autor dieser Erläuterung:
Sven Jacobsen unterrichtet derzeit an einem Gymnasium in Baden-Württemberg die Fächer Deutsch und Geschichte; langjährige Erfahrungen im Auslandsschuldienst mit Hochbegabtenförderung sowie als Endbeurteiler.

Hinweis:
Die Rechtschreibung wurde der amtlichen Neuregelung angepasst.

Dieses Produkt wurde klimaneutral und nachhaltig produziert.
Alle CO_2-Emissionen, die beim Druck entstanden sind, haben wir durch ein Klimaschutzprojekt ausgeglichen.

FSC www.fsc.org MIX Papier | Fördert gute Waldnutzung FSC® C104521

Druckerzeugnis www.natureOffice.com/DE-077-742055 klimaneutral durch CO2-Ausgleich

3. Auflage 2024
ISBN: 978-3-8044-2064-9
PDF: 978-3-8044-6064-5, EPUB: 978-3-8044-7064-4

Titelabbildung: Szene aus der Romanverfilmung von 2016 @ UNAFILM GMBH
Druck und Weiterverarbeitung: Plump Druck & Medien GmbH, Rheinbreitbach

1 DAS WICHTIGSTE AUF EINEN BLICK – SCHNELLÜBERSICHT

Damit sich alle Leser:innen in unserem Band schnell zurechtfinden und das für sie Interessante gleich entdecken, hier eine Übersicht.

Im 2. Kapitel folgt zunächst eine **Übersicht zu Katharina Hackers bisherigem Leben** und ihrem literarischen Schaffen. Danach folgt ein Abriss des für Hackers Roman relevanten **zeitgeschichtlichen Hintergrunds**.

S. 12 ff.

- Katharina Hacker wurde am 11. Januar 1967 in Frankfurt a. M. geboren. Sie stammt aus einem akademisch geprägten Elternhaus. Nach der Schulzeit auf einem Gymnasium studierte sie Philosophie, Geschichte und Judaistik. Einige Jahre lang hielt sie sich in Israel auf, bis sie nach Berlin umzog und dort seitdem als freie Schriftstellerin lebt.
- Ihre persönlichen Kontakte und Freundschaften mit Intellektuellen wie dem israelischen Historiker Saul Friedländer (geb. 1932) oder der österreichisch-israelischen Schriftstellerin und Psychotherapeutin Anna Maria Jokl (1911–2001) haben ihren schriftstellerischen Werdegang entscheidend beeinflusst.
- Nach einigen von der Kritik gelobten Erzählungen gelang ihr mit dem Roman *Die Habenichtse* im Jahr 2006 ein Bestseller (ausgezeichnet u. a. mit dem Deutschen Buchpreis).

S. 15 ff.

- Die Idee zum Roman entstand in der Folge der Terroranschläge vom 11. September 2001. *Die Habenichtse* sind als literarische Auseinandersetzung mit Politik und Gesellschaft vor dem Hintergrund von weltweiter Terrorangst und „War on Terrorism" sowie mit unserer veränderten Selbstwahrnehmung infolge der politischen Entwicklungen zu begreifen.

Das 3. Kapitel bietet eine **Textanalyse und -interpretation**.

***Die Habenichtse* – Entstehung und Quellen:**

- Die hauptsächliche Arbeit am Roman lag in der Zeit nach dem Erscheinen des Romans *Eine Art Liebe* im Jahr 2003 bis zum Jahr 2006. S. 26 ff.
- In den Roman sind Zeitungsartikel, politische Reden und andere Texte wie Zitate aus Fachbüchern aus dem Zeitraum der Jahrtausendwende und des Anschlags von 9/11 eingegangen.

Inhalt:

Der Roman beginnt mit dem Einzug einer Familie in der Londoner Lady Margaret Road und der Hoffnung der Kinder Sara und Dave, dass sich die Probleme der Familie bessern. Zur gleichen Zeit trifft Jakob nach über zehn Jahren in Berlin bei einer Party die große Liebe aus seiner Studentenzeit wieder, Isabelle. Die Partygäste sehen am 11. September 2001 im Fernsehen die Wiederholung der Liveübertragung der Terroranschläge auf das World Trade Center und das Pentagon vom Nachmittag und diskutieren die Konsequenzen. In den folgenden Wochen, geprägt durch die gesellschaftspolitischen Folgen des Anschlags und den Berufsalltag, kommen Jakob und Isabelle sich wieder näher und beschließen, bald schon zu heiraten. Jakob bekommt eine Stelle in der Londoner Partner-Kanzlei angeboten. Isabelle folgt ihm später nach, und beide ziehen in das Reihenhaus neben die Familie von Sara und Dave. In der Stadt herrscht über Monate eine angespannte Lage wegen der Folgen der Anschläge sowie der Kämpfe der US-Truppen und ihrer Verbündeten in Afghanistan und dem Irak. Auch für Jakob und Isabelle gibt es Veränderungen. Jakob ist fasziniert vom Inhaber der Partner-Kanzlei und arbeitet viel, während Isabelle in der Nachbarwohnung die fortgesetzten Misshandlungen von Sara und Dave zwar mitbekommt, sie aber nur beobachtet, aber auch einen anderen Nachbarn kennenlernt, den gewalttätigen Drogendealer Jim. Die S. 29 ff.

Lebenswege der völlig unterschiedlichen Menschen fangen an, sich immer mehr zu kreuzen, bis es schließlich zur Eskalation der Gewalt kommt, als Jim Sara und Isabelle misshandelt. Isabelle ruft schließlich die Polizei. Der Roman endet mit der Rückkehr des alarmierten Jakobs von einer Dienstreise; er findet seine Frau in einem verstörten Zustand vor.

Aufbau:

S. 47 ff.

- Der Roman besteht aus drei Handlungssträngen, sodass die Schicksale von Sara und Dave, von Jim und schließlich von Jakob und Isabelle zusammengeführt werden.
- Erzähltechnisch wird laufend zwischen den Erzählsträngen gewechselt. Montagetechnik und Rückblicke durchbrechen das Erzählkontinuum und gewährleisten die Ereigniswahrnehmung durch verschiedene Perspektiven und die Darstellung zeitgleicher Abläufe.

Personen:

S. 52 ff.

Jakob

- Anfang dreißig, Jurist für Vermögensfragen in einer Kanzlei,
- beruflich engagiert, vom älteren Kanzleiinhaber Bentham fasziniert,
- verdrängte Bisexualität,
- keine besonderen Bindungen an Familie oder Heimat.

S. 57 ff.

Isabelle

- Anfang dreißig, arbeitet in Grafikagentur,
- attraktiv, hatte komplizierte Partnerschaft und ist selbst kompliziert in sexueller Hinsicht,
- innerlich unausgefüllt, Hang zu regelmäßigem Alkoholkonsum,
- ichbezogener Charakter,
- fühlt sich zum Drogendealer Jim hingezogen.

Andras S. 64 ff.

- Anfang vierzig, Ungar mit jüdischer Herkunft,
- arbeitet in Berlin in der Agentur mit Isabelle zusammen,
- hoffnungslos in Isabelle verliebt,
- liebenswürdiger Zeitgenosse.

Bentham S. 68 ff.

- 66 Jahre alt, Jude, Inhaber einer Londoner Kanzlei für Wiedergutmachungsfälle,
- idealistisch arbeitend, versteht seine Tätigkeit als Ausgleich historischen Unrechts,
- gepflegt, homosexuell, Kunstliebhaber,
- kommt über den Tod seines Lebenspartners nicht hinweg.

Jim S. 70 ff.

- Mitte zwanzig, kommt aus desolaten Verhältnissen, wuchs auf der Straße auf,
- Mitglied einer Einbrecher- und Drogenbande,
- unberechenbar nach jahrelangem Drogenmissbrauch, gewalttätig und aggressiv,
- träumt von einem besseren Leben mit seiner verschwundenen Freundin Mae,
- ist gutaussehend, aber unfähig, eine Partnerschaft zu führen.

Sara und Dave S. 74 ff.

- Kinder in einer Arbeiterfamilie, die Eltern sind überfordert, frustriert und unfähig.
- Sie wachsen in einer Atmosphäre des Geschreis und der Kindesmisshandlungen auf.
- Dave geht in die Schule und wird gemobbt, möchte ungern nach Hause.
- Sara ist zwar schulreif, wird vom Vater aber nicht zur Schule gelassen und eingesperrt.

- Infolge ihrer Misshandlungen nässt Sara sich ein aus psychischen Gründen, was die Situation verschlimmert.

Stil und Sprache Katharina Hackers:

S. 85 ff.

- Katharina Hacker hat im Roman mehrere Sprachschichten angelegt, die den jeweiligen Sozialmilieus entsprechen und zur Charakterisierung der Protagonisten beitragen.
- Jims Wortschatz und Satzbau z. B. sind Ausdruck seiner Sprunghaftigkeit und Aggressivität, während Bentham und Jakob die Sprache der Akademiker mit entsprechender Wortwahl und klaren Sätzen bis hin zur Sentenz teilen.
- Insgesamt liegt ein gemischter Satzbau vor. Wörtliche Rede ist nicht regelkonform markiert, sondern durch Gedankenstriche angedeutet. Das korrespondiert mit den Entwicklungen der modernen Literatur und besonders den sprachlichen Finessen im Erzählwerk von William Gaddis.
- Im Text fallen leitmotivische Formulierungen wie „Alles wird anders" und weitere Motive und Symbole auf.
- Erzählerisch werden die verschiedenen Mittel der Figurenrede zur Einsicht in das Innenleben der Protagonisten eingesetzt.

Verschiedene Interpretationsansätze bieten sich an:

S. 96 ff.

- Der Roman lässt sich als Gesellschafts- und Zeitroman begreifen, der sich mit den Phänomenen Gewalt, Terrorangst, (Groß-)Stadt und Globalisierung auseinandersetzt.
- Daneben bietet sich eine Deutung über Intertextualität und eingeschränkt die Einordnung als postmoderner Roman an.

Rezeptionsgeschichte:

S. 119 ff.

- Der Roman wurde in der Presse größtenteils enthusiastisch gelobt; die Auszeichnung mit dem Deutschen Buchpreis bringt die Begeisterung der Literaturkritik zum Ausdruck.

- Innerhalb des Erzählwerks von Katharina Hacker haben *Die Habenichtse* die bisher umfangreichste Reflexion in der akademischen Literaturwissenschaft verursacht.
- Eine Verfilmung des Romans mit Julia Jentsch und Sebastian Zimmler in den Hauptrollen kam 2016 in die Kinos (Regie: Florian Hoffmeister).
- In den Kundenrezensionen großer Buchhandelsketten finden sich aber auch ausgesprochen bissige bis ablehnende Kommentare.

2 KATHARINA HACKER: LEBEN UND WERK

2.1 Biografie[1]

Katharina Hacker
(geb. 1967)
© picture alliance / dpa

Jahr	Ort	Ereignis	Alter
1967	Frankfurt a. M.	Katharina Hacker wird am 11. Januar als Tochter einer Kunsthistorikerin und eines Neuroradiologen geboren.	
1975–1986	Frankfurt a. M.	Besuch des altsprachlichen Heinrich von Gagern-Gymnasiums.	8–19
1986–1990	Freiburg i. Br.	Studium der Philosophie, Geschichte und Judaistik.	19–23
1990–1996	Jerusalem, Tel Aviv	Wechsel an die Hebräische Universität in Jerusalem; nebenbei Arbeit als Deutschlehrerin und an der School for Cultural Studies in Tel Aviv, Abschluss des Studiums.	23–29
1996	Berlin	Umzug nach Berlin und Beginn der Arbeit als freie Autorin.	29
1997		Veröffentlichung von *Tel Aviv. Eine Stadterzählung* im Suhrkamp-Verlag. Übersetzung des Romans *Eine muß da sein* von Leah Aini.	30
1998		Veröffentlichung des Erzählbands *Morpheus oder Der Schnabelschuh* und Produktion des Rundfunkbeitrags *Mit Baudelaire am Airport*.	31
1999		Das Prosastück *Skizze über meine Großmutter* erscheint.	32
2000		Veröffentlichung des Romans *Der Bademeister*. Übersetzung des Romans *Der Garten der toten Bäume* von Jossi Avni.	33

1 Vgl. dazu https://www.uni-due.de/autorenlexikon/hacker.php sowie die Homepage https://www.katharinahacker.de/

Jahr	Ort	Ereignis	Alter
2001	Berlin, Schloss Wiepersdorf	Stipendium für den Aufenthalt in Schloss Wiepersdorf.	34
2003	Berlin	Der Roman *Eine Art Liebe* erscheint.	36
2005		Stadtschreiberin von Bergen-Enkheim.	38
2006		Der Roman *Die Habenichtse* wird publiziert und erhält den Deutschen Buchpreis sowie den Düsseldorfer Literaturpreis.	39
2007		Prosagedichte im Band *Überlandleitung*.	40
2009		Veröffentlichung des Romans *Alix, Anton und die anderen*. Zerwürfnis mit dem Suhrkamp-Verlag und Wechsel zum S. Fischer-Verlag.	42
2010		Der Roman *Die Erdbeeren von Antons Mutter* erscheint. Katharina Hacker wird mit dem Stefan-Andres-Preis geehrt.	43
2011		Der Roman *Eine Dorfgeschichte* wird veröffentlicht.	44
2015		Der Roman *Skip* wird veröffentlicht.	
2016		Verfilmung des Romans *Die Habenichtse*.	48
2019		Essayband *Darf ich dir das Sie anbieten? Minutenessays*.	52
2021		Verleihung des Droste-Preises. *Alles, was passieren wird. Roman für Jugendliche* erscheint.	54
2022		Der Roman *Die Gäste* erscheint.	55

Jüdische Mystik und Kabbala

Das Studium der Judaistik ist ihrer eigenen Aussage nach einem regen Interesse an Mystik und den Studien des Kabbala-Forschers Gershom Scholem zu verdanken sowie einem mit der Familie befreundeten Violinisten, Henry Meier, der Auschwitz überlebt hat.[2]

2 Vgl. Marius Meller: *Katharina Hacker. Onkel Henry war einfach zu gut*. In: FAZ, 27. 12. 2006.

Freundschaft mit Saul Friedländer

Fragen an Katharina Hacker

Während ihrer Zeit in Israel von 1990 bis 1996 hat Katharina Hacker ihre Sprachkenntnisse perfektioniert und ihre Beschäftigung mit dem Judentum vertieft. Die Übertragung von Romanen aus dem Hebräischen ins Deutsche sind die Früchte ihrer Auseinandersetzung. Während der Zeit in Israel lernte sie auch den renommierten Historiker und Holocaust-Forscher Saul Friedländer kennen, mit dem sie eine Freundschaft verbindet, die sich in ihrem Roman *Eine Art Liebe* in Form einer Widmung niederschlägt. Auch die israelisch-österreichische Autorin und Psychoanalytikerin Anna Maria Jokl hat Katharina Hacker beeinflusst. Ihr verdankt Hacker Hinweise auf Erzählungen und Romane von Rang, was die Ausgestaltung von Charakteren, die psychologische Tiefe (besonders durch Andeutung statt Erläuterung) und sprachliche Finessen anbelangt und den großen Romanciers des angelsächsischen Raumes zuzuschreiben ist. Ebenfalls in Israel begannen erste Schreibversuche. Nach dem Tod ihres Doktorvaters beschloss Katharina Hacker, nach Berlin umzuziehen und als freie Schriftstellerin zu arbeiten. Seitdem lebt sie dort mit ihrer Familie.

2.2 Zeitgeschichtlicher Hintergrund

Zusammenfassung

- Am 11. September 2001 ereigneten sich in den USA die wohl spektakulärsten Terroranschläge der Geschichte, auf das World Trade Center in New York sowie auf das Pentagon in Washington. Als Antwort auf den islamistisch motivierten Anschlag schmiedeten die USA eine internationale Koalition und führten in den folgenden Jahren erst in Afghanistan, dann im Irak einen „Krieg gegen den Terror".
- Die westliche Welt war zu diesem Zeitpunkt mit zahlreichen Problemen beschäftigt. Globalisierungskritiker verwiesen auf die wachsende Kluft zwischen Gewinnern und Verlierern der wirtschaftlichen Entwicklungen.
- Die Jahrtausendwende ist geprägt vom wachsenden Bewusstsein eines Werteverfalls, der in den westlichen Gesellschaften Egoismus und fehlende Empathie befördert. Insbesondere in den Großstädten blieben Gewalt oder nachbarschaftliche Probleme häufig unbeachtet.

Der 11. September 2001 und seine Folgen

Entführte Flugzeuge als Waffen

Am 11. September 2001 krachten zwei von vier koordiniert entführten Passagierflugzeugen um 14:45 Uhr MEZ bzw. 15:03 Uhr MEZ im Zuge eines Terroranschlags in das **World Trade Center** (sowie ein weiteres in das US-Verteidigungsministerium in Washington um 15:53 Uhr MEZ, das vierte stürzte um 16:42 Uhr MEZ in Pennsylvania vor Erreichen seines Ziels ab.) Entsetzt sah die ganze Welt in **Liveübertragungen** auf allen Kanälen dabei zu, wie diese Symbole der wirtschaftspolitischen Überlegenheit der USA wenig später brennend einstürzten und mit den Flugzeuginsassen fast 3000 Menschen in den Türmen mit in den Tod rissen. Die meisten Zeitgenossen hatten damals augenblicklich den Eindruck, eine **historische Zäsur** zu erleben. Nichts werde mehr so sein wie zuvor, wie beispielsweise die Frankfurter All-

NZZ: Krieg gegen Terrorismus

gemeine Zeitung vermutete. Dass die USA auf den Anschlag militärisch reagieren würden, war jedem Beobachter klar.

„Krieg gegen den Terror“

Nach weltweiten Solidaritätsbekundungen verurteilte der UN-Sicherheitsrat einstimmig das Attentat und billigte den USA das militärische Selbstverteidigungsrecht zu; die USA selbst riefen den NATO-Bündnisfall aus. In einer Regierungserklärung am 20. September 2001 machte der damalige US-Präsident George W. Bush die **islamistische Terrorgruppe al-Qaida** für die Anschläge verantwortlich und kündigte einen gnadenlosen Krieg gegen den Terror an. Im Oktober wurde dieser Krieg mit massiven Luftschlägen in Afghanistan gegen Stellungen der Taliban, eine mit al-Qaida eng verbundene Terrorgruppe, eröffnet. Im Jahr 2003 wurde der Irak angegriffen, dessen diktatorisches Staatsoberhaupt Saddam Hussein von den USA beschuldigt wurde, als Teil der sog. „Achse des Bösen“ al-Qaida zu unterstützen und Massenvernichtungswaffen herzustellen. Die militärischen Kampfhandlungen belegten eine ungleiche Auseinandersetzung. Das Weiße Haus zeigte stolz den Einsatz einer technologisch optimierten Kriegsführung in Form von Videosequenzen während der regelmäßigen Pressekonferenzen. Mit Nachtsichtaufnahmen wie in einem futuristischen Videospiel konnte man den Einschlag ferngelenkter Waffensysteme in die präzise aufgeklärten Ziele verfolgen. Die Frage nach dem Leid stellte sich so kaum, alles schien zunächst chirurgisch sauber und nahezu unblutig. Die Wirklichkeit kam erst später zur Geltung.[3]

Uneinigkeit der westlichen Staaten

Schon vor **Entfesselung des Irak-Krieges** war die Welt uneins, ob der außenpolitische Kurs der USA richtig sei. Die westliche Allianz zerbrach, als sich die USA nach ihrer erfolgreichen Intervention noch im Oktober 2001 (auf Grundlage einer UN-Resolution) in Afghanistan dem Irak zuwandten. Der Krieg gegen den Irak (Beginn am 19. März 2003) wurde nur noch von einer „Koalition der Wil-

---

3 Vgl. Heideking/Mauch 2003, S. 518–536 (2008: S. 417–465); Jarausch, S. 490–506; Kershaw, S. 553–673.

ligen" **ohne UN-Mandat** geführt. Während Großbritannien unter Premierminister Tony Blair, heftig attackiert von den britischen Medien, nahezu bedingungslos mit eigenen Truppen die Kämpfe in Afghanistan und im Irak unterstützte, lehnte Deutschland mit Blick auf die eigene Vergangenheit den Krieg gegen den Irak ab, unterstützte aber die Kampfhandlungen mit Flugrechten und eingeschränkter Hilfeleistung bei logistischen Aufgaben.

„Unruhestifter" USA?

Die international bekannten Intellektuellen zeigten sich irritiert bis entsetzt, was die amerikanischen Militärschläge für globale Folgen haben könnten. Der französische Historiker Emmanuel Todd brachte in einem internationalen Bestseller aus im Jahr 2002 mit dem Titel *Weltmacht USA. Ein Nachruf* diese Verstörung mit den Worten auf den Punkt: „Die Vereinigten Staaten, die noch bis in die allerjüngste Zeit ein Ordnungsfaktor waren, erscheinen nun immer deutlicher als Unruhestifter."[4]

„Krieg der Kulturen"?

Folgen der Globalisierung

Die Anschläge vom 11. September 2001 trafen eine in sich von Widersprüchen und Konflikten geprägte westliche Welt, die schon zuvor mit Problemen zu ringen hatte, auf die es bis heute keine Antworten zu geben scheint. In Europa waren die Grausamkeiten und Folgen der Jugoslawienkriege von 1991–2001 noch längst nicht bewältigt. Nach dem vermeintlichen Ende des Kalten Krieges 1989/90 und dem Zerfall der ehemaligen Supermacht Sowjetunion zeichnete sich zunächst für eine Weile eine unilaterale Weltordnung unter der in dieser Zeit bewunderten Dominanz der USA ab, die aber nicht alle Konflikte der Welt einfrieden konnte. Der internationale Warenverkehr, die Verlagerung von Produktionsabläufen in Billiglohnländer sowie weltweite Investitionen nahmen zu. Die Globalisierung erfuhr einen Schub, und das rief **Globalisierungskritiker** auf den Plan, die von Neokolonialismus in ausgebeuteten Ländern der Dritten Welt sprachen,

4 Todd, S. 9.

die nicht mehr einzugrenzende Übermacht von Super-Konzernen kritisierten und eine **neoliberale Weltwirtschaft** fürchteten. In gewaltsamen Protesten ließ besonders die jüngere Generation ihrem Ärger über die Entwicklungen freien Lauf. In vielen Metropolen der Welt fanden sich um die Jahrtausendwende Zehntausende ein, um bei den internationalen Gipfel-Konferenzen in einer brisanten Mischung aus überwiegend friedlichem Protest und militanten Gruppierungen ein Zeichen zu setzen. Beim G8-Gipfel in Genua trafen im Jahr 2001 geschätzt bis zu 250.000 Protestierende auf 20.000 Polizisten und Einsatzkräfte, sodass die Medien TV-Bilder lieferten, die manche an die Schlachten in den Monumentalproduktionen Hollywoods erinnerten.

Islamistischer Fundamentalismus

Aufmerksame Analysten sahen zudem noch andere bedrohliche Entwicklungen und Szenarien wie das Aufkommen Chinas als künftige Weltmacht. In der islamischen Welt wurde der scheinbare Siegeszug des westlichen Wirtschaftskapitalismus unter der Führung der USA als demütigend und bedrohlich zugleich interpretiert. Die letzten drei Jahrzehnte des 20. Jahrhunderts waren geprägt von **Re-Islamisierungstendenzen**, die von Indonesien bis nach Nordafrika reichten. Mit Fundamentalismus versuchte man sich gegen den als dekadent begriffenen Westen abzugrenzen und mit dem Blick auf die Blütezeit des Islam in der Vergangenheit ein Gegenmodell zu schaffen. Die Extremform dieser Gegenwehr ist der islamistisch motivierte Terror, der zu 9/11 führte. Das bereits 1996 erschienene Buch ***The Clash of Civilizations*** des US-amerikanischen Politikwissenschaftlers Samuel P. Huntington (1927–2008), das im 21. Jahrhundert Konflikte zwischen Kulturräumen ankündigte, erschien vielen als hellsichtige Prognose.

Die Situation in Deutschland und England

Wirtschaftliche Sorgen

Die beschriebenen Auseinandersetzungen unter dem Stichwort Globalisierung dürfen nicht den Eindruck hinterlassen, als habe sich die Wirtschaft in einem stets ungebrochenen Wirtschaftswachstum befunden und unablässig glücklich strahlende Menschen produziert. In Deutschland war die **Arbeitslosigkeit** in den Jahren 1998–2005 beständig für mehr als vier Millionen Menschen ein Dauerproblem. Das durchschnittliche Wirtschaftswachstum lag hierzulande bei vergleichsweise geringen 1,3 Prozent, und Ökonomen registrierten wenig Lohnzuwachs, verhaltene Investitionsbereitschaft und für viele die Sorgen um Arbeitsplatz und Rente. Die **Staatsverschuldung** erreichte mit 1,49 Billionen Euro im Jahr 2005 Rekordniveau. Die Einführung des Euro zum Jahr 2002 hinterließ bei vielen den Eindruck, dass alles teurer geworden sei. Das Wort vom „Teuro" machte die Runde.[5]

Folgen der Wiedervereinigung

Die Gerichte stöhnten unter der Last zahlreicher Prozesse in der Folge der Wiedervereinigung Deutschlands, die **Fragen der Enteignung, der Wiedergutmachung** und der Insolvenzverwaltung aus der Zeit des Sozialismus aufwarfen. Es stellte sich rasch heraus, dass nur wenige DDR-Betriebe tatsächlich marktfähig waren. Die neu gegründete Treuhandgesellschaft sollte die alten Betriebe entweder sanieren lassen oder interessierte Käufer finden. Das sorgte bei vielen Menschen in Ostdeutschland für Verbitterung und den Vorwurf des „Plattmachens". Das im Einigungsvertrag festgelegte **Prinzip der Rückgabe** von in der DDR-Zeit enteigneten Betrieben oder Immobilien an die früheren Besitzer, anstatt sie zügig zu entschädigen, erwies sich als Investitionshemmnis und sorgte für Rechtsunsicherheit.

Situation in England

In England hatte der Staat ebenfalls keine leichten Antworten auf schwere Fragen zu bieten. Unter der „eisernen Lady"

5 Vgl. Patrick Welter: *Die rot-grüne Wirtschaftsbilanz. Die Probleme sind größer geworden*. In: FAZ. 17. 9. 2005 (online unter: https://www.faz.net/aktuell/wirtschaft/wirtschaftspolitik/die-rot-gruene-wirtschaftsbilanz-die-probleme-sind-groesser-geworden-1260280.html).

Margaret Thatcher wurde ein **rigider Sparkurs** eingeläutet, der sich an der Bezahlbarkeit der Ausgaben orientierte. Arbeitslosigkeit wurde als privates Schicksal umgedeutet, das Eigeninitiative verlangt. **Kürzungen der Sozialleistungen** trieben weit über das Ende der Ära Thatcher und ihres Nachfolgers John Major (Premierminister 1990–97) in das neue Jahrtausend hinaus Menschen in die Obdachlosigkeit, denen die Bezahlung der horrenden Mieten für Wohnungen unmöglich war. Unter Tony Blair (Premierminister 1997–2007) gelangen sozialpolitische Besserungen nur verspätet und begrenzt. Nicht nur die Hauptstadt des Vereinigten Königreichs war bevölkert mit Obdachlosen. **Frust und Kriminalität** neben einer florierenden Weltmetropole zeichneten das Bild einer Gesellschaft voller Gegensätze.[6]

Auf dem Weg in die „Ego-Gesellschaft"?

Politik-verdrossenheit

Breite Anteile in der Bevölkerung kehrten indes dem Staat den Rücken zu und zeigten eine ruppig-kalte Einstellung. Im Jahr 1992 kam dem Begriff „Politikverdrossenheit" die zweifelhafte Ehre zu, als „Wort des Jahres" von der Gesellschaft für deutsche Sprache gekürt zu werden. Die Wahlbeteiligung bei den Bundestagswahlen sank von 1998 bis 2005 von 82,2 % auf 77,7 %. Im Jahr 1997 sprach ein bekannter Manager von **„Wohlstandsmüll"**, um seiner Meinung nach arbeitsunwillige und -unfähige Menschen zu bezeichnen, was seinen Ausführungen den Negativ-Preis der Wahl zum „Unwort des Jahres" bescherte. Seit den 1970ern weisen psychologische Studien einen wachsenden Anteil von Menschen in den westlichen Gesellschaften nach, die aus verschiedenen Gründen am Schicksal ihrer Mitmenschen keinen Anteil nehmen. Der „non-helping-bystander-effect" z. B. beschreibt das Phänomen, dass unmittelbare Zeugen eines Unglücks oder gar eines

---

6 Vgl. Oliver Nachtwey, Arne Heise: *Großbritannien. Vom kranken Mann Europas zum Wirtschaftswunderland?* Online unter: https://www.uni-goettingen.de/de/kat/download/330053aea008c8f2bf24371f30a314a0.pdf/Text-Link%205.pdf sowie Maurer, S. 465–490.

Verbrechens nicht eingreifen, obwohl es geboten wäre. Der US-amerikanische Psychologe Stanley Milgram (1933–1984) erklärte dieses Verhalten mit der Urban-Overload-Hypothese. In Großstädten lebende Menschen würden, von Reizen überflutet, in ihrem Sozialverhalten mit Abschottung reagieren, so Milgram. Im Umfeld der Jahrtausendwende findet sich eine intensive Diskussion zu einem von vielen als negativ empfundenen Mentalitäts- und Wertewandel. In der zweiten Hälfte der 1990er-Jahre machen Schlagworte von der „Ego-Gesellschaft“, vom **„Moral-Vakuum“** und von der „Auflösung der Gesellschaft“ die Runde. In der sog. Speyerer Werte- und Engagementsurvey von 1997 gaben 85 % der ca. 3000 repräsentativ befragten deutschen Erwachsenen den zwischenmenschlichen Egoismus als Hauptproblem an.[7]

7 Vgl. Klages, S. 7–14.

2.3 Angaben und Erläuterungen zu wesentlichen Werken

Zusammenfassung

- Das Thema Stadt durchzieht Katharina Hackers Werk, beginnend mit der Erzählung *Tel Aviv. Eine Stadterzählung* (1997).
- Wiederholt geht es um die Gegensätze aus dicht bevölkerten Wohngegenden und die auf sich und ihre Probleme zurückgeworfenen Protagonisten.
- Handlungsorte der Texte sind häufig die Großstädte Tel Aviv und Berlin.
- Erzähltechnisch werden die Mittel des modernen Romans aufgegriffen, wie erlebte Rede, Bewusstseinsstrom oder Multiperspektivität.

Tel Aviv (1997)

Homepage der Autorin

Bereits in Katharina Hackers erzählerischem Debüt *Tel Aviv. Eine Stadterzählung* (1997) bekommt man einen Vorgeschmack auf das **Thema Großstadt** in ihrem Werk. Erzählt wird durch die Perspektive einer Ich-Erzählerin von den durchwachsenen Erlebnissen in der Stadt, die für ihre Einwohner das pralle Leben mit schönen und weniger schönen Erlebnissen bereithält. Da die Ich-Erzählerin ihre Mitmenschen genau beobachtet, ergibt sich bereits hier ein Charakteristikum der Stadt, in der kaum etwas unbeobachtet bleibt und die Menschen mehr wahrnehmen, als man denken könnte, ohne dass es stets Engagement und Hilfsbereitschaft nach sich zöge. Das wird in den weiteren Werken aufgegriffen.

Morpheus (1998)

Im Erzählband *Morpheus oder Der Schnabelschuh* (1998) spielt Hacker mit der griechischen Mythologie, die nach Berlin transportiert wird, wodurch erneut Motiv und Thema „Stadt" aufgegriffen werden. Da sowohl Tel Aviv wie auch Berlin Lebensstationen der Autorin waren und sind, ergibt sich ein gewisser biografischer Einschlag. In dem Band geht es um Lebenswahrnehmungen durch die literarische Aufarbeitung im Geiste Homers vor dem Hintergrund Berlins. Besonderes Augenmerk verdient die Figur

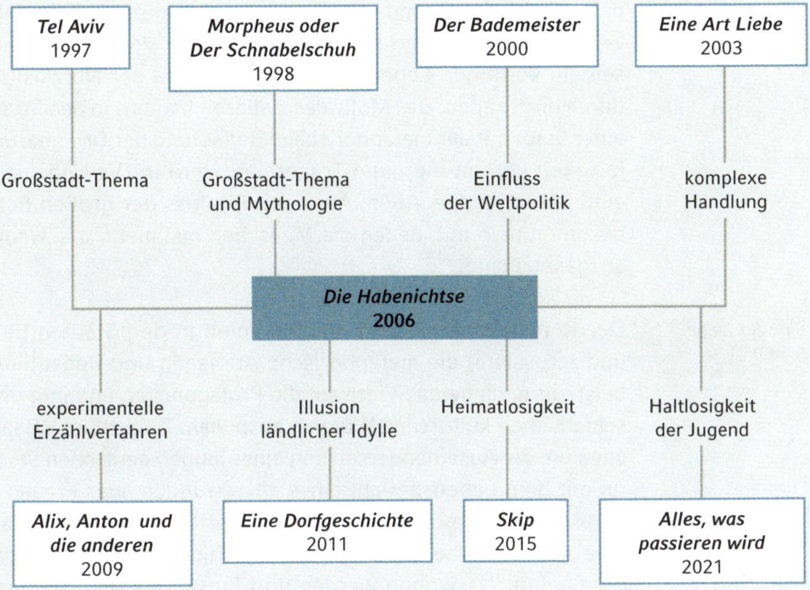

Elpenor, ein **Obdachloser** mit Menschenkenntnis sowie einem Talent zur genauen Beobachtung. Eine gewisse Ähnlichkeit von Elpenor mit Herrn Schmidt, dem Obdachlosen in *Die Habenichtse*, ist gegeben. Auch das Motiv des Herumlaufens in den Straßen wie bei Charon findet sich in weiteren Texten Hackers.

Der Bademeister (2000)

Im Roman *Der Bademeister* (2000) steht Hugo, der Bademeister eines Schwimmbads aus DDR-Zeiten, nach der Schließung vor einer ungewissen Zukunft. Die Handlung spielt in der Wendezeit nach dem Mauerfall. Hugo blickt zurück auf ein schwieriges Leben, belastet durch die NS-Vergangenheit seines Vaters, und seine Arbeit als Bademeister, die er redlich erfüllt habe, wie er versichert. Die großen politischen Entscheidungen der Wende, denen seine Arbeit und seine Lebensgrundlage zum Opfer fallen, versteht er nicht, und so irrt er ohne klare Vorstellungen von seinem künftigen Lebensweg und im Gefühl der Nutzlosigkeit durch die Straßen. Das Motiv des ziellosen Laufens in den Straßen einer Stadt mit der metaphorischen Bedeutung der Orientierungslosigkeit kommt hier zum Tragen und wird in *Die Habenichtse* eindrücklich aufgegriffen. Auch den **Einfluss der großen Politik** bekommt man mit, denen die Menschen mal mehr, mal weniger ausgesetzt sind.

Eine Art Liebe (2003)

Der Roman *Eine Art Liebe* (2003) spielt in den Städten Berlin und Jerusalem, die metaphorische Aussagen und Bedeutungen beisteuern, da beide Städte auf die Protagonisten und ihre unterschiedlichen kulturellen Wurzeln anspielen. Es geht im Wesentlichen um die Auseinandersetzung einer jungen deutschen Studentin mit dem Lebensbericht eines älteren Juden, was Fragen der Selbst- und Fremdwahrnehmung aufwirft. Der Roman verlangt eine aufmerksame Lektüre, da unterschiedliche Betrachtungen miteinander verwoben werden und Einschübe die Kontinuität durchbrechen, sodass sich in der Summe bereits vor dem Erscheinen des Romans *Die Habenichtse* bestimmte Erzählmuster zeigen, als da wären: die Vorliebe für das vielschichtige Motiv der Stadt als Handlungsort, die Anwendung charakter- und typenspezifischer Sprachgestaltung, die **komplexe und mehrschichtige Handlung**.[8]

Alix, Anton und die anderen (2009)

Im erzählerischen Werk Katharina Hackers, wie es bislang auf den Roman *Die Habenichtse* (2006) folgte, begegnen einem diese Elemente in Teilen wieder. Das Romanprojekt *Alix, Anton und die anderen* (2009) greift besonders in der erzähltechnischen Gestaltung und im Layout durch die zwei Spalten moderne **expe-**

8 Zur Bedeutung der Stadt (Berlin) für die Gegenwartsliteratur und Katharina Hacker vgl. Ledanff.

rimentelle Erzählverfahren auf und führt über die multiperspektivische Konzeption einmal mehr zur Erkenntnis, dass Katharina Hacker in der deutschsprachigen Gegenwartsliteratur eine der begabtesten Stimmen ist. *Eine Dorfgeschichte* (2011) liefert den Beweis, dass auch in der vermeintlichen Idylle des Dorfes und der städtischen Abgeschiedenheit Ungeahntes schlummert. Im Roman *Skip* (2015), der in den Städten Tel Aviv, Paris, Berlin und Amsterdam spielt, setzt sich der Protagonist mit den existenziellen Fragen des Lebens und des Todes auseinander. Innerlich getrieben findet er sich an Orten ein, an denen Katastrophen geschehen. Die Ortswechsel verweisen auf das literarische **Thema der Heimatlosigkeit** sowie erneut auf das Thema Großstadt. Hackers jüngster Roman, oder vielleicht besser Jugendroman, *Alles, was passieren wird* (2021), erzählt die Geschichte eines jungen Mädchens, das Verlust, Trauer und fehlenden Halt zu verkraften hat. Auch hier kommen über die intensiven Einblicke in die Gedankenwelt und die Bezüge zu einigen der großen gesellschaftspolitischen Fragen die **Grundzüge der Gegenwartsgesellschaft** zum Vorschein.

Eine Dorfgeschichte (2011)

Skip (2015)

Alles, was passieren wird (2021)

3 TEXTANALYSE UND -INTERPRETATION

3.1 Entstehung und Quellen

Zusammenfassung

- Der Roman ist im Wesentlichen in der Zeit zwischen den Jahren 2003 bis 2006 entstanden.
- Motiviert durch die epochalen politischen Entwicklungen nach 9/11 und ihrer Auswirkungen auf die Gesellschaft ist der Roman als literarische Antwort und Reflexion zu begreifen. In den Roman ist eine Vielzahl zeitgenössischer Texte eingeflossen, von Reden und Zeitungsartikeln bis hin zu Werken der Gegenwartsliteratur.

9/11 als Ausgangspunkt

Politik und Individuum

Die hauptsächliche Arbeit am Roman lag zwischen den Jahren 2003 bis 2006. In einem Interview aus dem Frühjahr 2014 im Goethe-Institut in St. Petersburg sprach Katharina Hacker über die Entstehung ihres Romans *Die Habenichtse*.[9] Sie sah die Anschläge vom 11. September 2001 und die weltweiten Reaktionen auf sie als Anlass, sich mit der Frage auseinanderzusetzen, was eigentlich die Politik bestimme, wie sie uns als Menschen beeinflusse und wie wir uns selbst dabei wahrnehmen würden. Der Roman bekommt durch diese Äußerung Katharina Hackers gewissermaßen einen gesellschaftspolitischen Auftrag, eine literarisch ästhetisierte Auseinandersetzung mit der Zeitgeschichte vorzunehmen. Damit erfüllen *Die Habenichtse* das vielleicht entscheidende Kriterium des Begriffes **Zeit- und Gegenwartsroman**. In kursivem Druck finden sich im Roman so auch Ausschnitte aus Zeitungsartikeln oder Reden von Politikern, die im Gefüge aus Fiktion und intertextueller Montage (s. u.) ein hohes Maß an Authentizität schaffen.

---

9 Vgl. https://www.goethe.de/ins/ru/de/kul/mag/20873731.html.

Traute Zweisamkeit? Szene aus der Romanverfilmung *Die Habenichtse* von 2016

Neben diesem politischen Anlass gibt es in Hackers Roman noch die Auseinandersetzung mit der zeitgenössischen Gesellschaft durch den Spiegel der Gegenwartsliteratur. Dies wird in der Literaturwissenschaft als Intertextualität definiert, also als Verweis eines Textes auf einen anderen, ein Wechselspiel. Das komplexe Romanwerk des US-Autors William Gaddis (1922–1998) wäre hier vor allem zu nennen.[10] Gaddis gilt mit Romanen wie *The Recognitions* (1955, dt. *Die Fälschung der Welt*) oder *JR* (1975, dt. *JR*) und seinem experimentellen Gestaltungsvermögen als einer der größten englischsprachigen Schriftsteller des 20. Jahrhunderts. In seinen Romanen seziert Gaddis die amerikanische Gesellschaft der fünfziger, sechziger und siebziger Jahre und gibt Einblicke in ein gesellschaftliches Psychogramm, das nichts weniger als die westliche Gesellschaft insgesamt betrifft. Vor

Intertextuelle Bezüge

Cicero: Besuch bei Katharina Hacker

10 Vgl. o. A.: *Zu Besuch bei Katharina Hacker. Bücher sind zum Leben da*, in Cicero, https://www.cicero.de/kultur/b%C3%Bccher-sind-zum-leben-da/40827.

dem Hintergrund von 9/11 ist es nachvollziehbar, wenn sich der Roman *Die Habenichtse* mit der Gesellschaft auch auf der gegebenen literarischen Basis beschäftigt. Katharina Hacker hat vor allem Gaddis' Roman *Die Erlöser* (Originaltitel *Carpenter's Gothic*, 1985) für *Die Habenichtse* aufgegriffen, sodass sich intertextuelle Bezüge ergeben (vgl. Kapitel 3.7 dieser Erläuterung).

3.2 Inhaltsangabe

Zusammenfassung

Der Roman erzählt die Geschichte unterschiedlicher Menschen in der Zeit von den Anschlägen vom 11. September 2001 bis zum Irak-Krieg 2003. Ein erfolgreiches junges Ehepaar aus Berlin zieht nach London. Jakob ist Jurist und Isabelle arbeitet als Grafikdesignerin. In ihrer neuen Nachbarschaft lebt zum einen eine Arbeiterfamilie, deren Kinder Sara und Dave vom immer wieder arbeitslosen und alkoholkranken Vater misshandelt werden, und zum anderen Jim, ein gut aussehender, aber gewalttätiger Drogendealer. Isabelle und Jakob sind mit sich und ihren Jobs beschäftigt und ignorieren, was um sie herum geschieht. Da Isabelle zunehmend von Jim beeindruckt ist, verflechten sich die Lebenswege der beiden immer mehr, bis es schließlich zur Eskalation kommt.

Das erzählte Geschehen in *Die Habenichtse* spielt im Wesentlichen in den Jahren 2001 bis 2003, wobei es kurze Rückblicke in die 1990er und weiter davor gibt. Der Roman verlangt eine konzentrierte Lektüre, um die vielen Personen sowie die ständigen Orts- und Perspektivenwechsel in den 39 Kapiteln zu bewältigen.

1. Kapitel

Wird alles besser?

Eine vierköpfige Familie zieht in ein viktorianisches Reihenhaus in der Lady Margaret Road eines Londoner Wohnbezirks ein. Die Familie verbindet mit dem Umzug die Hoffnung auf eine bessere Zukunft. Der ältere Sohn Dave erklärt seiner kleinen Schwester Sara, dass alles anders werde und der Vater wieder eine Arbeit finde. Er macht ihr Hoffnung, bald in die Schule gehen zu können. Am nächsten Tag, die Eltern sind außer Haus, entdeckt Dave, dass Sara hinter dem Sofa uriniert hat, was häufiger der Fall zu sein scheint. Die Kinder versuchen, das Missgeschick zu vertuschen.

2. Kapitel

Der 11. September 2001

In Berlin findet eine Party unter jungen, erfolgreichen Leuten statt. Die Laune wird von den Bildern aus dem Fernseher getrübt, die die Liveübertragung des Terroranschlags vom 11. September 2001 auf das New Yorker World Trade Center wiederholen. Es wird darüber diskutiert, welche Folgen das Geschehen haben werde. Die Betroffenheit mischt sich mit Überlegungen, was und ob einen die Ereignisse etwas angingen. Jakob, der gerade aus New York zurückgekehrt und am Vortag des Anschlags noch selbst im World Trade Center gewesen ist, trifft auf der Party Isabelle wieder, die er vor zehn Jahren in Freiburg kennen und lieben gelernt hat. Die beiden kommen wieder ins Gespräch, es deutet sich eine Wiederaufnahme ihrer Beziehung an. Am Tag danach geht Isabelle zur Arbeit in ihre Grafikagentur und kauft anschließend für ihr Treffen mit Jakob ein.

3. Kapitel

Ein schicksalhafter Zufall rettet Jakob das Leben

Im Rückblick erfährt man Einzelheiten aus Jakobs Kindheit und späteren Studentenzeit. Der frühe Tod der Mutter und die Erziehung durch eine neue Lebensgefährtin des Vaters, in die sich der pubertierende Junge verliebt, sowie das Leben in einer Wohngemeinschaft mit Hans werden beschrieben. Mit Hans verbindet Jakob eine Freundschaft, die für Außenstehende fast wie die Beziehung eines Paares erscheint. Jakob hat Jura studiert und sich auf Vermögensrecht spezialisiert. Zehn Jahre nach seiner Freiburger Studentenzeit und seiner damaligen Liebe zu seiner Kommilitonin Isabelle wird er zufällig in einer Berliner Bar durch ein Gespräch auf Isabelle und die für den 11. September anstehende Party (vgl. 2. Kapitel) aufmerksam. Er verlegt seine Termine so, dass er an diesem Tag nicht mehr in New York ist, sondern auf der Party in Berlin. Im Rückblick erscheint es ihm, dass Isabelle ihn gerettet habe.

4. Kapitel

Der Dealer Jim und Mae

Im Drogenmilieu Londons steigert sich die drogensüchtige Mae, die Freundin des Dealers Jim, hysterisch in die Ereignisse des Terroranschlags in New York hinein, während Jim die Ereignisse nicht weiter nahegehen. Jim selbst ist voller Wut und Neid auf die gutbürgerlichen Wohnviertel um ihn herum. In den Straßen Londons ist in den Wochen nach dem Anschlag ein erhöhtes Polizeiaufgebot unterwegs, weil man allgemein weitere islamistisch motivierte Anschläge in der westlichen Welt befürchtet, was Maes Hysterie nur noch weiter befeuert. Jim, der sehr an Mae hängt, träumt vom Ausstieg aus dem Drogenmilieu und einem weitgehend normalen Leben auf dem Land. Albert, der Boss einer Einbrecher- und Drogenbande, nutzt die Mittellosigkeit Jims aus und hält ihn zu weiteren Straftaten an. Mae verfällt körperlich durch intensiven Rauschmittelkonsum, die Beziehung zum gewalttätigen Jim ist belastet. Eines Tages verschwindet Mae, und Jim zieht in die Lady Margaret Road, da ihm ein Kumpel für einige Zeit eine Wohnung überlässt.

5. Kapitel

Isabelles Agentur

Es wird die schon Jahre zurückliegende schwere Erkrankung von Isabelles Chefin erzählt; eine emotional belastende Zeit bis zu ihrem Tod 1996 hat alle Beteiligten mitgenommen. Sie hat Isabelle ihre Anteile an der Agentur hinterlassen. Andras, ein Kollege Isabelles in der Agentur, ist in Isabelle verliebt.

6. Kapitel

Andras' Liebe zu Isabelle

Man erfährt im Rückblick einiges aus dem Leben von Andras, dem die Wendezeit eine neue Lebensperspektive eröffnet hat, der aus Ungarn nach Berlin gezogen ist und sich dort, aufopferungsvoll von seiner Familie unterstützt, hochgearbeitet hat. Mit Isabelle verbindet ihn eine vertrauliche Freundschaft, seinerseits aber mehr. Als Isabelle ihm von ihrem Wiedersehen mit Jakob und ihrer sich anbahnenden Beziehung erzählt, spielt Andras mit dem Gedanken, nach Budapest zurückzukehren.

7. Kapitel

Ein Tod und seine Folgen

In Jakobs Kanzlei ist ein trauriger Verdacht zur Gewissheit geworden. Jakobs Kollege Robert ist in New York am Tag des Anschlags im World Trade Center gewesen und wird nun zu den Opfern gezählt. Zur Beerdigung an einem verregneten 4. Oktober fährt auch Jakob, was sein Freund Hans mit der Frage quittiert, was er dem Toten schulde. Roberts Tod hat jedoch Auswirkungen auf Jakobs Zukunft, denn sein Kollege hätte Anfang 2002 eine Stelle in der Londoner Partnerkanzlei antreten sollen.

8. Kapitel

Saras Situation

Die Hoffnung auf ein besseres Leben in der Lady Margaret Road hat sich für die Familie der kleinen Sara nicht erfüllt. Frühmorgens bereits brüllt der Vater vor dem Bad; für Sara gibt es nur gute oder schlechte Tage. Es kann ein guter Tag werden, wenn der Vater morgens nüchtern aufwacht oder die Eltern nach den üblichen Streitereien früh das Haus verlassen, wenn Türen nicht abgeschlossen werden oder der Vater einfach nur ruhig isst und trinkt. Oft wird Sara aber im Bad ohne Licht eingesperrt, da sie nachts ins Bett macht. Schlechte Tage sind jene, an denen die Eltern den ganzen Tag daheimbleiben.

9. Kapitel

Hochzeitsglück?

Isabelle erzählt ihrer lesbischen Freundin und Mitbewohnerin Alexa, die ihr skeptisch zuhört, von ihren Heiratsplänen. Alexa arbeitet als Fotografin und hat von Isabelle freizügige Aufnahmen gemacht, die bei Jakob für Verwirrung sorgen könnten. Die Zeit ist erfüllt mit Überlegungen zu einem Wohnungskauf.

10. Kapitel

Jims Suche nach Mae

Währenddessen geht Jims kriminelles Leben seinen Gang. Er treibt gelegentlich Sport, geht seinen Tätigkeiten als Dealer nach, vertreibt sich die Zeit in Bars und ist gedanklich bei Mae, deren plötzliches Verschwinden ihm zu schaffen macht. Nur mühselig kann er sich zurückhalten, einen betrunken auf einem Bürgersteig liegenden Mann, über den die Passanten steigen, nicht vor all den möglichen Zeugen zu treten.

11. Kapitel

Vorbereitung des Umzugs

In Berlin treiben Isabelle und Jakob ihre Umzugsvorbereitungen voran. Ein neues Bett wird angeschafft, und die beiden haben hastige erotische Erlebnisse in einer Stadt, in der Isabelle wiederholt Begegnungen mit Passanten hat, die sie zu bedrohen scheinen.

12. Kapitel

Jims Wut

Jim ist mit Ben, einem korpulenten Kumpel, der Mae immer wieder heimlich mit Drogen versorgt hat, in einer heruntergekommenen Gegend unterwegs. Jim läuft absichtlich immer schneller und lässt Ben zurück. In seinen hasserfüllten Gedanken auf alles und nichts, aber vor allem auf seinen Boss Albert, geht es immer wieder um Mae.

13. Kapitel

Die aufgespießte Puppe

Es regnet, und die kleine Sara beobachtet alleine zu Hause die Regentropfen am Fenster. Ein Mann kommt vorbei und zeigt ihr eine Puppe, die sie draußen verloren hat. Anstatt sie vorsichtig am Grundstück abzulegen, spießt der Mann die Puppe auf eine Spitze des Zaunes und geht.

14. Kapitel

Die Hochzeit

Jakobs und Isabelles letzte Tage in Berlin sind ausgefüllt mit Plänen eines Autokaufs und den Hochzeitsvorbereitungen. Beide laden ihre Eltern nicht zu der Hochzeit ein, die mit der Zeremonie im Standesamt und einem Picknick im Park mit Freunden gefeiert wird. Der Sommer läuft aus.

15. Kapitel

Ein Obdachloser auf dem Dach

Andras findet sich schweren Herzens mit der Ehe von Isabelle und Jakob ab. Er denkt häufig an eine Rückkehr nach Budapest. Magda, die Inhaberin einer Galerie, ruft ihn häufig an; die beiden kommen sich näher. Magda ist sich über die Gefühle von Andras für Isabelle im Klaren und erklärt ihm, die beste Grundlage für eine Ehe sei das Wissen, dass der andere einen nicht liebe. Auf dem Dachboden von Andras' Wohnhaus ist ein Obdachloser, Herr Schmidt, eingezogen, den Andras mitfühlend versorgt. In die Geschehnisse des Tages mischen sich immer wieder Gespräche über die aktuellen politischen Entwicklungen wie den sich abzeichnenden Irak-Krieg.

16. Kapitel

Bentham

Jakob fliegt im Auftrag seines Arbeitgebers nach London, um für einen Partner dort, Mr. Bentham, tätig zu werden. Er wird von den dortigen Mitarbeitern (Alistair und die Sekretärin Maude) begrüßt. Die Suche nach einer geeigneten Wohnung für Jakob wird diskutiert. Er entscheidet sich für ein Reihenhaus in der Lady Margaret Road (neben Saras Familie). Ein erstes Treffen mit Bentham beeindruckt Jakob. Bentham ist Jude und beschäftigt sich beruflich mit Erstattungsfällen aus der NS-Zeit. Wieder zurück in Berlin redet Jakob mit Andras über die Juden und die NS-Vergangenheit; wie sich herausstellt, ist auch Andras jüdischer Herkunft.

17. Kapitel

Jim bekommt einen Denkzettel

Jim soll seinen Boss Albert treffen. Auf dem Weg erinnert er sich an seinen bisherigen Lebensweg, der vor allem aus sexuellem Missbrauch, Drogen, Entzug und Kriminalität im Auftrag

Sebastian Zimmler als Jakob in der Romanverfilmung von 2016 © UNAFILM GMBH

Alberts bestanden hat. Auf dem Weg kommt er zweimal an einer schwer verletzten Katze vorbei, um die er sich dann aber nicht weiter kümmert. Bei Albert angekommen, bemerkt er zu spät die ihm gestellte Falle und wird zusammengeschlagen, ein Denkzettel. Als er wieder zu sich kommt, warnt ihn Albert davor, den Gedanken an eigenmächtiges Handeln weiter zu verfolgen. Es kommt zu wütenden Gesprächen, weiteren Rangeleien und unklaren Erinnerungen Jims an den letzten Tag mit Mae, sodass die Möglichkeit im Raum steht, er selbst könnte sie damals mit einem Messer verletzt haben. Jim kehrt in seine verdreckte Bleibe zurück und beobachtet die kleine Sara durch ein Fenster. Am nächsten Tag sieht er eine Vermisstenanzeige von Mae.

18. Kapitel

Jakobs Ankunft in London

Jakob ist nach London geflogen, um die Arbeit in der dortigen Kanzlei aufzunehmen. Der erste Tag beginnt mit Einweisungen und endet in einer Zecherei. Die Ankunft seiner Möbel verläuft nicht ohne Probleme und auch die erste Nacht ist unruhig. Jakob stößt mit einem Mann (Jim?) zusammen, der ihn hasserfüllt anzischt und Jakob erschrecken lässt. Währenddessen ist in Berlin Isabelle am Packen, um Jakob zu folgen. Andras hilft ihr dabei. Die Trostlosigkeit der Abreise Isabelles steht im Kontrast zur Herzlichkeit des Abschieds, die Andras in Ungarn erlebt hat. Die Traurigkeit von Andras wegen der Abreise wird dadurch verstärkt, dass ihm Isabelle ziellos erscheint.

19. Kapitel

Isabelles Ankunft in London

Als Isabelles Flugzeug in London gelandet ist, müssen die Passagiere aufgrund einer Panne über eine Rutsche evakuiert werden, Terrorangst kommt auf. Die Begegnung mit Jakob ist alles andere als das Wiedersehen eines verliebten Paares. An der Tür findet Jakob das Schlüsselloch nicht, und im Haus verhalten sich beide verkrampft. Jakob ist froh, dass sie dem kleinen Mädchen von nebenan nicht begegnet sind, ist im Kopf bei der Arbeit und führt Isabelle durch eine Stadt, in der überall Nachrichten über die Lage im Irak zu lesen sind, und schließlich doch noch in die Nähe des Büros von Bentham, obwohl er wegen der Ankunft Isabelles für einen Tag freigestellt ist. Zufällig treffen sie dort auf Bentham und seinen Angestellten Alistair, man plaudert. Die nächsten Tage sind geprägt von Arbeit und der Erkundung Londons. Anfänglich bemüht sich Jakob, nicht zu spät heimzukommen, doch schon bald muss er von Bentham regelrecht nach Hause geschickt werden. Isabelle ist oft allein in der Stadt unterwegs.

20. Kapitel

Jim und seine neuen Nachbarn

Jim ist im Auftrag von Albert unterwegs. Gedanklich beschäftigt er sich wieder mit Mae, mit dem Nachbarsjungen Dave, den er irgendwie mag, und auch mit dem in der Nr. 49 neu eingezogenen jungen Paar. Die junge Frau (Isabelle) erinnert ihn an Mae.

Im Gespräch mit Albert erfährt er von dessen Wunsch, einmal ein Restaurant zu betreiben. In einem Pub wird die Irak-Politik diskutiert; Albert lebt in der Angst vor Terroranschlägen in der U-Bahn. Auf dem Weg durch die Stadt trifft Jim auf Dave, sie essen etwas zusammen. Kurz darauf wird Jim von Hisham, einem der Männer, die ihn im Auftrag Alberts zusammengeschlagen haben, versöhnlich zum Essen eingeladen. Trotz des abweisenden Verhaltens von Jim bleibt Hisham freundlich. Jim muss laufend an Mae denken, die er wohl regelmäßig geschlagen hat. Wieder in der Wohnung in der Lady Margaret Road, beobachtet er erst, wie Dave, dann Isabelle und Jakob vorübergehen.

21. Kapitel

Sara hat Angst um Dave

Sara ist wieder allein. Sie hat eine lebhafte Fantasie, in der die Staubkörner im Sonnenlicht zu tanzenden Prinzessinnen und Feen werden. Sie denkt an ihren Bruder Dave, der sich liebevoll um sie kümmert, aber in der Schule gemobbt wird, und der gerne mit ihr vor ihren Eltern fliehen möchte. Es wird eine Szene beschrieben, in der Saras Vater sie mit einem Gürtel brutal verprügelt und der hilflose Dave wegläuft und seitdem seit Tagen verschwunden ist. Sara steigert sich in ihre Fantasiewelt hinein, in der es auch um die Angst geht, dass Dave nicht wiederkommt.

22. Kapitel

Krieg droht

Die Bevölkerung Londons wird aufgefordert, Notvorräte vor dem Hintergrund des Irak-Konflikts anzulegen, da England an der Seite der USA in den Krieg zu ziehen bereit ist. Isabelle ist beunruhigt, folgt der Aufforderung und macht sich Sorgen, was das Geschehen für ihre beruflichen Perspektiven bedeutet. In der Wohnung nebenan hört sie oft Geschrei bzw. die Geräusche von Gewalttätigkeiten. Die Abende verbringen Isabelle und Jakob mit regelmäßigem Weinkonsum, oder Jakob redet mit Bentham über die juristische Wiedergutmachung von Verbrechen aus der

NS-Zeit und überlässt seine Frau sich selbst. Auch Abendspaziergänge durch London bringen keine wirkliche Zerstreuung. Isabelle arbeitet daheim für ein Projekt für einen Kinderbuchverlag und wird dabei immer wieder mit den Geräuschen aus der Nachbarwohnung konfrontiert, die keinen Zweifel lassen, dass sich nebenan eine Katastrophe anbahnt. Einmal beobachtet sie vom Fenster aus, wie die Eltern und Dave das Haus verlassen, mit Gebrüll und Handgreiflichkeiten am Jungen durch den Vater.

23. Kapitel

Jim und Dave freunden sich an

Jim folgt heimlich Isabelle durch die Stadt und denkt dabei an den Zeitpunkt, als er Mae zuletzt gesehen hat. Vor Kurzem ist auch Dave mit den Spuren von Schlägen im Gesicht bei ihm aufgetaucht. Jim weiß, dass es die Schläge des Vaters sind und nicht die Folgen einer Auseinandersetzung mit Schulkameraden, wie Dave zunächst behauptet. In einer Mischung aus aggressiver Lust, Dave zu quälen und zu helfen, reißt er den Jungen zu Boden, tritt ihn, lässt ihn aber auch bei sich. Dave erzählt, der Streit mit dem Vater sei eskaliert, weil dieser die kleine Sara nicht in die Schule gehen lassen wolle und sie als zurückgeblieben und als Schandfleck bezeichne. Jim, der sein gutaussehendes Spiegelbild im Fenster sieht, denkt an seine eigene Kindheit voller Schläge eines nicht weniger gewalttätigen Vaters zurück. Er duldet, dass Dave für ihn aufräumt. In der Nacht beginnen die Bombardements der US-Amerikaner im Irak. Am nächsten Tag geht Jim seinen Drogengeschäften nach und denkt wieder an die verschwundene Mae. Wiederholt gibt es Nachrichten über das Kriegsgeschehen, aber auch über ein tödliches Gewaltverbrechen an einer Frau. Jim wird aggressiv beim Gedanken an Mae und lässt es an einem Jungen aus, der an einem Automaten spielt. Auf dem Weg nach Hause wird er im Regen so nass, dass er krank wird. Als er wieder das Bett verlassen kann, wird er auf der Straße von Isabelle interessiert angestarrt.

24. Kapitel

Isabelle flirtet mit der Gefahr

Etwas Zeit ist vergangen, und die Kriegsereignisse haben ihren anfänglichen Schrecken verloren. Isabelle bekommt Besuch aus Berlin von ihrer ehemaligen Mitbewohnerin Alexa. Man zerstreut sich im bunten Großstadtleben, und Isabelle hört weiterhin gelegentlich durch die Wand die weinende Sara. Eines Tages wird Isabelle von Jim angesprochen, und da sie ihm fast schon verfallen zu sein scheint, lässt sie sich von ihm zu einem Badeteich Londons mitnehmen, wo beide im Gebüsch Frauen beim Nacktbaden beobachten. Jims Verhalten ihr gegenüber ist unerklärlich, er lässt sie plötzlich stehen und geht. Die Tage vergehen mit Arbeit und den Geräuschen des Streits und der Gewalt aus der Nachbarwohnung. Eines Abends ist die Freundesgruppe um Jakob, Isabelle und Alistair nach einer Aufführung des *King Lear* auf dem Rückweg, als sie von fünf mit Messern bewaffneten Männern überfallen werden. Während die einen die beiden Männer in Schach halten, nähert sich einer aus der Gruppe Isabelle. Isabelle zeigt sich nicht nur unerschrocken, sondern fast schon aufreizend provokativ; ein zufällig vorbeikommendes Polizeiauto verhindert das Schlimmste. Hinterher hat Jakob ein schlechtes Gewissen, und Isabelle fragt sich, ob er etwas von den Geräuschen aus der Nachbarwohnung mitbekommt. Bald darauf begegnet sie wieder Jim, den sie anziehend findet, der sie aber auch erniedrigt, was sie sich gefallen lässt. In der Stadt erlebt Isabelle wiederholt unschöne Begegnungen mit aggressiv auftretenden Passanten.

25. Kapitel

Jakob und Bentham

Jakob spricht viel mit Bentham über Persönliches und die Frage, welchen Sinn Rückerstattungen für NS-Opfer haben. Die verstörte Isabelle kommt auf einen Überraschungsbesuch im Büro vorbei. Nach einem kurzen Spaziergang zur Beruhigung geht Jakob zurück ins Büro und steht vor Benthams verschlossener Tür, was Jakob als Bestrafung empfindet. Von Alistair und Maude erfährt er immer mehr über Bentham, der homosexuell ist und den unerwarteten Tod seines Lebenspartners vor vielen Jahren nicht verkraftet hat. Jakob muss in einer beruflichen Angelegenheit für Bentham nach Berlin. Die Reise scheint Jakob nicht gutzutun. Er fühlt sich nicht recht verwurzelt, die Gespräche mit Andras und besonders mit Hans zeigen verdrängte Probleme.

26. Kapitel

Magda verlässt Andras, und seine unglücklichen Gedanken im Alltag werden deutlich. Sein Lebensweg wird intensiv von seiner Familie in Ungarn unterstützt, gleichwohl fehlt die innere Zufriedenheit. Nach wie vor kommt er nicht von Isabelle los. Eines Tages bekommt Andras Nachrichten von Isabelle im Zuge ihrer Arbeit am Kinderbuchprojekt; es sind auch Zeichnungen dabei. Diese greifen die Gewaltausbrüche an Sara auf und belegen, wie viel Isabelle mitbekommt, sogar, dass das Kind nebenan das Haus nicht verlassen darf. Sie fängt offenbar an, sich damit auseinanderzusetzen.

27. Kapitel

Jakob fühlt sich von Bentham angezogen

Jakob und Isabelle besuchen auf Empfehlung Benthams ein Parkkonzert. Jakob geht voraus und hofft auf ein Eintreffen Benthams. Er ist enttäuscht, dass nur Isabelle auftaucht. Die Ausflüge mit Isabelle sowie ihr Eheleben geben dem Alltag wenig Würze. Jakob ist oft allein unterwegs in der Stadt, in der es immer wieder zu tödlichen Gewaltverbrechen an Frauen kommt, wie man beiläufig erfährt. An einem regnerischen Tag ignoriert Jakob die Verbotsschilder des Zutritts für Männer, um sich einem Badeteich für Frauen zu nähern. Dort beobachtet er einen jungen Mann, der sich aus dem Wasser steigend nackt einem älteren Mann anbietet und von ihm abgetrocknet wird. Die Sicht ist schlecht, aber Jakob ist sich sicher, an den Bewegungen Bentham erkannt zu haben, der wieder einmal für einige Tage nicht im Büro ist. Er fühlt sich ausgeschlossen und wäre gerne an der Stelle des jungen Mannes. Tage später wird er von der Sekretärin Maude darüber aufgeklärt, dass Bentham nach dem Tod seines Lebenspartners regelmäßig die Gesellschaft von gepflegten Callboys für einige Tage benötigt, um die Einsamkeit zu ertragen. Eines Abends gerät Jakob in eine Menschenansammlung, die gebannt einem Prediger zuhört, der mit großer rhetorischer Kraft über die Krise und Orientierungslosigkeit der Gegenwart spricht. Jakob beobachtet eine Frau vor sich, die sich schließlich umdreht und ihn mit zu sich nach Hause nimmt. Jakob erfährt von ihrem persönlichen Verlust, und die beiden tauschen, ohne intim zu werden, Nähe und Zärtlichkeit aus.

28. Kapitel

Sara verletzt ihre Katze

Sara ist wieder einmal allein und würde gerne in die Schule gehen und Lesen und Schreiben lernen. Der Vater verbietet ihr das, steckt sie in Daves abgetragene Klamotten und schneidet ihr ungeschickt die Haare, weil er für Sara kein Geld ausgeben will. Zwischenzeitliche Arbeit in einem Supermarkt bessert seine Launen nicht. Er schreit wie üblich im Haus und verübt körperliche und verbale Gewalt an Sara, der er ins Gesicht brüllt, dass sie zurückgeblieben sei und man sie einsperren werde. In ihrer Fantasiewelt aus Feen und einem bösen Drachen, der das Unglück der Familie verursacht, möchte Sara schließlich helfen. Sie steigert sich so sehr in diese Parallelwelt hinein, dass sie im Garten zu einem Stock greift und ihre geliebte Katze Polly damit schlägt, die sie für den bösen Drachen hält. Die Katze wird schwer verletzt, und Sara bleibt tief unglücklich innerhalb des ummauerten Gartens im Regen stehen. Die fremde Nachbarin (Isabelle) bietet ihre Hilfe an.

29. Kapitel

Sex zu dritt?

Isabelle beobachtet diese Szene, beschließt widerwillig, Sara zu helfen, und klettert über die Mauer. Sie verspürt den Wunsch, die Katze von der Mauer stoßen, und als das Telefon klingelt, überlässt sie Sara, die nicht mehr zurück in ihre Wohnung kann, draußen sich selbst. Später am Abend kommen Alistair und Jakob. Isabelle betrinkt sich, und plötzlich scheint es, als würden die drei beginnen, gemeinsam intim zu werden. Doch dann endet das Geschehen in einem Gefühl der Scham, und die betrunkene Isabelle wird ins Bett gebracht. Am nächsten Tag beseitigt sie die leeren Flaschen und bekommt mit, wie vulgär sich die Eltern von Sara aufführen. Sie geht in einer heruntergekommenen Gegend spazieren, bis sie schließlich auf Jakob trifft und sie zusammen mit Alistair etwas essen gehen. Die nächste Zeit arbeitet Isabelle viel. Sie und Jakob leben nebeneinander her. Die Katze Saras, der es wieder gut geht und die zutraulich wird, stört Isabelle mit ihren permanenten Besuchen vor dem Fenster. Eines Tages stößt Isabelle sie rüde vom Fenster herunter. Am Tag darauf trifft sie auf Jim.

30. Kapitel

Jim hadert mit der Ungerechtigkeit der Welt

Ein kurzer Rückblick zeigt den zornigen Jim. In einem Brief eines Kumpels, der ihm seine Wohnung in der Lady Margaret Road überlassen hat, wird er aufgefordert zu gehen. Jim, der sich schon als der Besitzer der Wohnung gesehen und sie in seiner Vorstellung als Domizil für sich und Mae eingerichtet hat, sieht sich ungerecht von der Welt behandelt. In den letzten Tagen hat es immer wieder Treffen mit Dave gegeben, und einmal hat er ihn und Sara, die eine Nacht allein im Garten verbracht hat, zu einem Imbiss eingeladen. Jim findet das Mädchen unsympathisch, da er sich von Sara beobachtet fühlt. Dave ist vom Vater aus der Wohnung geworfen worden, da er ihm gedroht hat, die Schule über Sara zu informieren. Auch ein überraschender Besuch Hishams bessert Jims aggressive Grundstimmung nicht. Er eröffnet Jim, dass Albert ihn zur Mitarbeit erpresst und er auf der Suche nach zwei Brüdern seiner Frau sei. Hisham zeigt Güte und erträgt die Beleidigungen und Drohungen Jims. Schließlich informiert er Jim, Mae gefunden zu haben. Er zeigt Fotos, die belegen, dass Jim sie damals, wohl im Drogenrausch, entsetzlich mit einem Messer im Gesicht entstellt hat. Jim begeht kurz darauf einen Raubüberfall in der Drogenszene und schlägt sein Opfer dabei brutal bewusstlos. Auf dem Rückweg nach Hause sieht er, wie Isabelle die Katze Polly von der Fensterbank stößt. Polly läuft Jim über den Weg, der sie aus einer Laune heraus über die Grundstücksmauer werfen will, dem Tier dabei aber den Schädel zertrümmert.

31. Kapitel

Jakob ist Bentham näher als seiner Frau

Jakob unterhält sich mit Bentham über Persönliches. Sie suchen einen Pub auf, wo sie in einer melancholischen Stimmung Whiskey trinken und Bentham erzählt, dass er die regelmäßigen Zuwendungen von Callboys benötige, um insbesondere am Todestag seines Lebenspartners den Verlust zu bewältigen. Jakob hat das Bedürfnis, ihn zu streicheln. Wieder im Büro gibt es viel Arbeit, und die Tage gehen mit Gesprächen und Telefonaten vorüber. Hans vermisst Jakob, Jakob vermeidet Zärtlichkeiten mit seiner Frau, die im Schlaf über eine Katze redet. Jakob fragt sich, auch wenn es keinen Streit gibt, warum sie einander fremd werden, und hört die unheimlichen Geräusche von nebenan.

32. Kapitel

Isabelle lässt sich von Jim demütigen

Jim fängt Isabelle ab und geht mit ihr spazieren. Er erweckt den Eindruck, sie zu mögen, und beide führen sich in der Öffentlichkeit auf wie verliebte Teenager. Plötzlich jedoch lässt er sie einfach stehen. An einem anderen Tag stehen Jim und einige Bauarbeiter vor dem Haus. Isabelle wird sexistisch gedemütigt, ohrfeigt einen der Bauarbeiter, diese gehen aber lachend weg, da sie ja Jims Pferdchen sei, wie einer sagt. Jim zeigt danach die tote Katze Polly, die bereits von Ratten angefressen wurde, und drängt Isabelle in ihr Haus. Er durchstöbert ihre Räumlichkeiten, und Isabelle lässt ihn gewähren. Jim erklärt, er habe Isabelles kaltherziges Verhalten gegenüber der Katze beobachtet, und nutzt die Situation aus, indem er von Isabelle Geld fordert. Sie gibt es ihm. Bevor er geht, macht er eine düstere Andeutung, dass er etwas unternehmen werde, was sie nicht vergesse.

33. Kapitel

Jim nimmt Sara zu sich

Sara wird von ihrem Vater mit Boshaftigkeiten überschüttet. Entweder schlägt er sie, flucht über ihren Bruder Dave, bringt die Mutter zum Weinen oder bezeichnet die verschwundene Katze Polly als Schmarotzer, um dessen Verschwinden es nicht schade sei. Den Kauf einer neuen Matratze für Sara verweigert er mit den Worten, sie sei zurückgeblieben, und er frage sich, ob sie überhaupt seine Tochter sei. Die Situation verschlimmert sich von Tag zu Tag. Sara gibt sich selbst die Schuld, auch am Verschwinden ihres Bruders, und macht vermehrt ins Bett oder in ihre Hose. Eines Tages verlässt sie in Abwesenheit der Eltern das Haus, um Polly und Dave zu suchen. Im Dunkeln wird sie von Jim aufgegriffen, der erkennt, dass sie eine Jacke von Isabelle bei sich hat, und nimmt sie mit zu sich.

34. Kapitel

Jakob mit Bentham in Berlin

Isabelle geht zur Kanzlei, wo ihr Alistair öffnet und sie in Anwesenheit Jakobs auf den Mund küsst. Das Gespräch dreht sich auch um die gerade bekannt gewordenen Kriegsverbrechen des Westens im Irak, denen sie aber ohne rechte Anteilnahme gegenüberstehen. Alistair wirbt mittlerweile offen um Isabelle, was sie nicht unterbindet, und Jakob läuft durch London auf der Suche nach der Frau, die er einmal abends unter den Zuhörern des Straßenpredigers (27. Kapitel) getroffen hat. Bentham bittet kurz darauf Jakob, ihn geschäftlich nach Berlin zu begleiten, und bietet an, dass Isabelle mitfahren könne. Jakob verschweigt das Angebot der wieder angetrunkenen Isabelle gegenüber. Er behauptet, er müsse Bentham begleiten, und bricht morgens ohne Abschied auf, während sie ihren Rausch ausschläft.

35. Kapitel

Magda kehrt zu Andras zurück. Als Isabelle ihn anruft, steht für ihn die Entscheidung an, zu ihr mit einer unklaren Zukunft zu fahren oder bei Magda zu bleiben. Trotz seiner Gefühle für Isabelle bleibt er und bereitet den Umzug in die Wohnung von Magda vor.

Andras entscheidet sich für Magda

36. Kapitel

Jim hat vor, nach Glasgow zu gehen. Bei ihm ist die verstörte Sara, die auch hier ins Bett macht; Jim bedauert mittlerweile, sie mitgenommen zu haben, und lässt sie seine Wut spüren. Er bricht auf und lässt sie einfach zurück. Auf seinem Weg trifft er Isabelle. Sie scheint die Abwesenheit Jakobs für einen Seitensprung mit Jim nutzen zu wollen und lässt sich von Jim wegführen, der wieder an Mae denkt.

Isabelle geht mit in Jims Wohnung

37. Kapitel

Sie gehen zurück in die Wohnung, wo Sara noch ist, und dort eskaliert die Situation. Jim zerreißt aggressiver werdend den Umschlag mit den Fotos von Mae, erzählt schonungslos Sara vom Schicksal der Katze Polly, und Isabelle reagiert darauf mit der Beschreibung dessen, was sie vom Fenster aus beobachtet hat, als Sara die Katze mit einem Knüppel schlug. Jim schlägt darauf Sara, sodass sie zwei Zähne verliert, ihre Nase gebrochen wird und sie blutverschmiert ist, ohrfeigt Isabelle und zwingt sie, Sara völlig zu entkleiden. Er holt ein Messer. Isabelle zieht sich schockiert gleichfalls aus, anscheinend, um ihn auf diese Weise zu beruhigen. Jim stellt einen Fuß auf die vor ihm kniende Isabelle und schneidet ihr mit dem Messer ein großes Haarbüschel ab. Er nimmt Isabelles Kleidung an sich, verlässt das Haus und schließt seine Opfer ein.

Jim misshandelt Sara und Isabelle

38. Kapitel

Isabelle wählt den Notruf

Isabelle kümmert sich um Sara, zieht sich stinkende Kleidung von Jim an und verlässt das Haus durch ein Fenster. Der Versuch, von außen Sara durch das Fenster hinauszuheben, scheitert. Sara ist misstrauisch geworden, und Isabelle läuft ohne weitere Versuche weg. Dave, der gerade zurückkommt und Sara im Haus der Eltern nicht findet, entdeckt das offene Fenster und dann seine Schwester. Isabelle sitzt in ihrer Wohnung am Rande des physischen und psychischen Zusammenbruchs; mehrere Anrufe hat es gegeben, aber sie hört den Anrufbeantworter nicht ab. Als sie ermattet einschläft, wird sie durch Lärm aus der Nachbarwohnung geweckt. Die Eltern von Sara und Dave sind zurückgekehrt, und der Vater tobt außer sich vor Wut. Währenddessen ruft Jakob an, der Anrufbeantworter springt an, und Isabelle hört Jakob zu, der bedauert, sie nicht mitgenommen zu haben, und seine Rückkehr ankündigt. Nebenan nimmt das Ausmaß der Gewalt zu. Dieses Mal wählt Isabelle den Notruf, ohne ihren Namen zu nennen. Die Polizei kommt, kurz danach Sanitäter, die Sara in eine Decke wickeln und fortfahren.

39. Kapitel

Der Geruch von Jims Sachen

Bentham und Jakob kehren alarmiert aus Berlin zurück. Jakob fährt mit dem Taxi in die Lady Margaret Road im Wissen, dass etwas vorgefallen sein muss. Eine verstörte Isabelle öffnet und kommt heraus. Jakob nimmt sie in die Arme, tröstet sie und nimmt auch den Geruch von Jims Sachen wahr, die Isabelle immer noch trägt. Als sie zurück ins Haus wollen, ist die Tür ins Schloss gefallen.

3.3 Aufbau

Zusammenfassung

- Der Roman umfasst 39 Kapitel und führt drei Handlungsstränge schrittweise aufeinander zu. Montagetechnik und Rückblicke dienen der Ausgestaltung der Charaktere, aber vor allem der genauen Betrachtung von bedeutsamen Ereignissen aus mehreren Perspektiven.
- Die unterschiedlichen Milieus werden in der Lady Margaret Road sinnbildlich für die Eigenarten der Globalisierung in eine direkte Nachbarschaft gebracht, sodass die mobile Elite neben denen lebt, denen diese Lebensweise verschlossen ist. Doch ganz gleich, wie sehr man sich zunächst ignoriert oder ausweicht: Die Schicksale verflechten sich.

Drei Handlungsstränge

Mehrschichtiger Aufbau

Die, wie bereits erwähnt, nicht ganz einfache Lektüre des Romans *Die Habenichtse* erklärt sich durch den mehrschichtigen Aufbau, den Wechsel zwischen den Handlungsorten, die gegensätzlichen Charaktere und deren Perspektiven sowie durch die Analepsen (Rückblenden). Das Romangeschehen bündelt drei Handlungsstränge:

1. Der soziale (gehobene) Mittelstand: Jakob, Isabelle, ihre Chefs, die Freunde und Arbeitskollegen. Sie sind mobil, anpassungsfähig und leben ihr beruflich erfolgreiches Leben als globale Nomaden.
2. Die soziale Unterschicht: bürgerliche, wirtschaftliche Verlierer, die Familie von Sara.
3. Das Unterwelt- und Drogenmilieu der Großstadt London: Jim, Albert, Mae und andere.

Zusammenführung der drei Stränge

Das lässt sich wie folgt visualisieren (das Substantiv „Habenichtse" wird im Kapitel 3.7 dieser Erläuterung näher beleuchtet):

Habenichtse der Mittelschicht →
Habenichtse der Unterschicht, mitunter arbeitslos →
Habenichtse der Unterwelt/des Drogenmilieus →

Zunehmende Zusammenführung der Schicksale, spätestens ab dem 29. Kapitel

Verteilung der drei Handlungsstränge

In deutlich über 20 von 39 Kapiteln wird das Geschehen um Jakob und Isabelle und andere Charaktere des (gehobenen) Mittelstands mit Abstand am ausführlichsten behandelt. Die Zahlen können aber täuschen. Die beiden anderen Sozialmilieus und ihre Angehörigen der Unterwelt bzw. der Unterschicht bleiben keineswegs blass oder oberflächlich. Ihre Darstellung ist sprachlich und erzählerisch intensiv gestaltet, und über kurze Andeutungen, beispielsweise aus der Perspektive von Jakob, wird Jim dem Leser beiläufig in Erinnerung gerufen. So ist es im 18. Kapitel, das eigentlich nicht von Jim handelt. Als Jakob im Dunkeln in der Lady Margaret Road fast mit einem Mann zusammenstößt, der plötzlich mit einem hellen Anorak vor ihm auftaucht, wird er von ihm hasserfüllt angezischt (vgl. R S. 125/F S. 107), und man verbindet dies mit Jim, dem von Mae wiederholt vorgeworfen wird, voller Hass zu sein. Spätestens ab dem 29. Kapitel bricht Jim mit seinen Aggressionen in die Lebenswirklichkeit von Isabelle und natürlich Sara ein, und die anfänglich getrennten Handlungsstränge und Lebenswege von Personen, die sich überhaupt nicht kennen, werden über die Ereignisse zusammengeführt. Die folgende Übersicht soll diese Beobachtungen unterstützen. In Klammern gesetzte Zeichen sollen dabei andeuten, dass im jeweiligen Kapitel nur kurz von einer Person die Rede ist oder sie kurz auftritt, aber eine Bedeutung in der Situation hat.

Kapitel:	Isabelle	Jakob	Andras	Bentham	Jim	Sara	Dave
01						x	x
02	x	x					
03	x	x					
04					x		
05	x		x				
06	x		x				
07	x	x					
08						x	x
09	x	x					
10					x		
11	x	x					
12					x		
13						x	
14	x	x					
15	x	x	x				
16		x		x			
17					x		
18	x	x	x		(x)	(x)	
19	x	x		x		(x)	
20	(x)	(x)			x	(x)	x
21						x	x
22	x	x	(x)	x		(x)	(x)
23	x				x	(x)	x
24	x	x		(x)	x		
25	x	x	x	x			
26	x		x				
27	x	x		x			
28						x	x
29	x	x	(x)			x	
30	x				x		
31		x		x			
32	x				x		
33					x	x	x
34	x	x		(x)			
35	x		x				
36	x	(x)			x	x	
37	x				x	x	(x)
38		x			x	x	x
39	x	x		(x)	(x)		

Rückblicke und Multiperspektivität

Charakterisierung durch Rückblicke

Die Funktion der Analepsen (Rückblicke) wie im 3. Kapitel über Jakob oder im 6. Kapitel über Andras dienen der Charakterisierung und geben den Biografien der bedeutenden Personen innerhalb des Romans eine detaillierte Note. Andere kurze Rückblicke helfen, beim Perspektivenwechsel verständlich zu machen, wie ein anderer Protagonist eine gewisse Situation erlebt, wie eine bestimmte Situation entsteht oder wie es zum Treffen zweier Personen kommt. Ein Beispiel wäre der Rückblick am Ende des 30. Kapitels, als Jim detailliert sieht, wie rüde Isabelle die Katze von der Fensterbank stößt (R S. 292 und 293/F S. 252 und 253), was im 29. Kapitel (R S. 276/F S. 239) nur knapp erzählt wird.

Eine Art doppelte Zeugenaussage

So ergibt sich quasi eine zweimalige Schilderung eines Ereignisses mit Symbolcharakter. Was Isabelle unwichtig ist, nimmt Jim viel genauer wahr und reibt es Isabelle im 32. Kapitel unter die Nase (wobei er zunächst verschweigt, dass er die Katze getötet hat). Die Rückblicke sind also wie eine doppelte Zeugenaussage (mit Montagetechnik) zu einem Vorfall, sodass man sich ein Bild darüber machen kann, dass Menschen Ereignisse anders bewerten und es nicht einerlei ist, was man tut (vgl. Lernskizze auf S. 141 dieser Erläuterung).

Misstrauen gegen chronologisches Erzählen

Man ist also insgesamt mit einem Handlungsablauf konfrontiert, dessen Chronologie immer wieder durchbrochen wird. Dieses **Montageverfahren** beleuchtet aussagekräftige Situationen genauer, die für die Protagonisten mitunter unterschiedlich bedeutsam sind. Katharina Hacker hat jedenfalls verdeutlicht, wie suspekt ihr chronologisches Erzählen ist, weil es zur Annahme einer vermeintlichen Logik oder Klarheit in komplexen Ereignisabläufen verleitet, die es so nicht gibt und in die man nie umfassend Einblick hat: „Was mir inakzeptabel erscheint, ist, eine Stringenz herzustellen, an die man de facto nicht glaubt." Großereignisse mit Akteuren auf der großen Bühne der Weltpolitik, weit entfernt vom kleinen Jedermann, einfach durch lineares Erzählen darzustellen, sei nicht mehr möglich: „Geschichten, wie sie sich stringent erzählen, scheinen mir unschuldig. Ich möchte sagen: verdächtig unschuldig."[11] Es läuft auf die Erkenntnis hinaus, dass es so etwas wie die *eine* Wahrheit oder die *eine* Erklärung oder Betrachtung nicht gibt.

Zum Aufbau gehört auch das arrangierte Gefüge aus der Gewalt auf der Weltbühne (der Krieg gegen den Terror nach 9/11) und der alltäglichen Gewalt im kleinen nachbarschaftlichen Umfeld. Die genauere Ausdeutung ist den Kapiteln 3.7 und 6 dieser Erläuterung vorbehalten, zudem zeigt eine Lernskizze auf S. 150 dieser Erläuterung eine exemplarisch gehaltene Übersicht.

Verkündetes Kriegsende zweifelhaft

Unschwer ist zu erkennen, wie z. B. das erklärte Kriegsende am 1. 5. 2003 zweifelhaft ist; Isabelle, Sara und Polly werden ebenso zu Opfern von Gewalt wie die des „unlawful killing".

11 Zitiert nach: Fischer, *Der Wunsch die Augen nicht zu öffnen*, S. 48.

3.4 Personenkonstellation und Charakteristiken

Zusammenfassung

- Hauptsächlich wird von Jakob und Isabelle erzählt, einem kinderlosen Paar mit doppeltem Einkommen. Jakob ist fasziniert von Bentham, was in seiner verdrängten Bisexualität eine Erklärung findet. Aber auch Isabelle hat unerfüllte Obsessionen, sodass sie sich nach einschneidenden Ereignissen sehnt.
- Der Dealer Jim hat seine Freundin Mae nach einem Gewaltausbruch aus den Augen verloren. Er ist hasserfüllt, geprägt von einer desolaten Kindheit, und trifft auf Isabelle, deren äußere Ähnlichkeit mit Mae die Dinge komplizierter macht.
- Bentham, der Inhaber der Kanzlei, in der Jakob vorübergehend tätig ist, führt ein Leben voller Melancholie und einem nicht enden wollenden Kampf für späte juristische Gerechtigkeit.
- Andras ist hoffnungslos in Isabelle verliebt. Der liebenswerte Mann ist ein Gegenbild zu den anderen Protagonisten.
- Viele weitere Nebenpersonen fügen weitere Facetten zu einem Gesellschaftsbild, das mit dem Titel des Romans treffend gekennzeichnet ist.

Die Hauptfiguren

Jakob

Jakobs Herkunft

Der Anwalt Jakob ist ein strebsamer Mann. Im März 2001 ist er 33 Jahre alt (R S. 17/F S. 15). Er ist rotblond, hat rundliche Backen „mit etwas zu weichen Gesichtszüge(n)“ (R S. 11/F S. 10), eine kräftige Nase, einen kleinen Mund und eine hohe Stirn (R S. 11/F S. 10). Seine Eltern sind gutbürgerlich. Im Alter von fast zwölf Jahren stirbt seine Mutter, und seine Tante übernimmt die Mutterrolle. Als der Vater eine neue Beziehung eingeht, verliebt sich der pubertierende Junge in sie. Aber auch diese dritte Mutter, wenn man so sagen darf, bleibt nicht lange („nichts hielt lange vor in diesem Haus“, R S. 18/F S. 16). Als Jakob nach Freiburg zieht, um sein Jura-Studium aufzunehmen, zieht sie ebenfalls bald danach aus und küsst ihn beim Abschied in Freiburg auf den Mund. Seine feuchten Wunschträume erfüllen sich nicht, Gertrud ruft Jakob nicht an. Ersatzweise bändelt er mit einer WG-Mitbewohnerin an (R S. 18/F S. 16) und verliebt sich schließlich in Isabelle.

Vertreter der Konsumgesellschaft

In Freiburg bezieht Jakob mit Hans, einem Studienkollegen, eine Wohnung. Die beiden verbindet eine lange Freundschaft. Trotz unterschiedlicher Interessen, Hans ist kunstgeschichtlich interessiert und Jakob besucht Konzerte oder sieht sich Kinofilme an, unternehmen sie viel zusammen (R S. 19/F S. 17). Die beiden gelten für Außenstehende fast als Paar, da sie keine festen Freundinnen haben (R S. 24/F S. 21). Im Zuge der Wiedervereinigung steigt das Interesse Jakobs an Vermögensfragen, und er spezialisiert sich nach seinem Examen 1992 auf dieses Fachgebiet. Das entspricht seiner Vorliebe für konkrete Sachverhalte, während er wenig mit unklaren oder verborgenen Inhalten anfangen kann (R S. 21/F S. 19) und somit eine eher nüchterne Persönlichkeit hat. Umzüge und Ortswechsel stören Jakob nicht. Dabei verschenkt er gerne alte Gebrauchsgegenstände und kauft neue ein (R S. 23/F S. 21); ein weiterer Hinweis auf einen Charakter, der vergleichsweise weniger das Gewohnt-Vertraute schätzt und der den Gepflogenheiten der Menschen in den westlichen Konsum- und Wegwerfgesellschaften entspricht.

Konfliktscheu und passiv

Auf der sozialen Ebene sind die Dinge nicht anders aufgestellt. Später in London nimmt er das Kriegsgeschehen nur beiläufig zur Kenntnis („zerstreut", R S. 168/F S. 144, oder das Gespräch auf R S. 327 f./F S. 282 f.) und kümmert sich nicht um die Geschehnisse in der Nachbarwohnung, obwohl er angeblich Gewalt hasst (R S. 198/F S. 171). Die kleine Sara ist ihm „ein Bucklicht Männlein, unheimlich." (R S. 133/F S. 114) Beim Überfall nach der Theateraufführung des *King Lear* wirkt dieser Mann, den Jim als kräftig einschätzt (R S. 183/F S. 157), nicht nur wie gelähmt, sondern beinahe unmännlich. Er wird kurz ohnmächtig („während

Jakob zusammensackte", R S. 196/F S. 169) und hat auch Stunden nach dem Überfall und einem Gefühl der Scham („beschämt die Männer", R S. 197/F S. 170) im Pub ziemliche Mühe, die Haltung zu wahren (R S. 198/F S. 171). Nach dem Überfall bleibt er im Gegensatz zu Isabelle „ängstlicher" (R S. 236/F S. 204), aber das wird ihm zur eingeübten Routine:

> „Man gewöhnte sich aber an alles, an die Obdachlosen, die quer über dem Gehweg lagen und über die man hinwegsteigen musste. An die Plakate, die nach Zeugen für Überfälle suchten." (R S. 236/F S. 204)

Nichtsdestotrotz mag Jakob London mehr als Berlin, das ihm „menschenverlassen" vorkommt (ebd.).

Ohne Familiensinn

Seine ungezwungenen Beziehungen mit Frauen ohne rechten Nachhall während und nach seiner Studienzeit („Er selbst traf keine Frau, die ihn begeisterte", R S. 24/F S. 21) zeigen bereits, dass er sozusagen nicht allzu begabt für dauerhafte Partnerschaften oder Treue ist; ganz ähnlich seinem Vater. Dass Jakob seinen Vater oder sonstige Familienmitglieder nicht zur eigenen Hochzeit einlädt (R S. 93/F S. 79), erweitert den Befund mit der Schlussfolgerung, sich nicht in familiäre Geborgenheit zurückziehen zu können, geschweige denn eine feste Wertvorstellung wie Familie oder Rücksichtnahme zu haben oder zu gebrauchen.

Wahre Liebe?

Es ist zweifelhaft, dass Jakob Isabelle wirklich liebt. Die Hochzeit ist alles andere als der sprichwörtliche schönste Tag im Leben, sondern bestenfalls eine klischeehafte Umsetzung einer irgendwie romantisch klingenden Vorstellung des Begriffes „Heirat". Es ist quasi ein Verwaltungsakt, nicht mehr. Auch die zehn Jahre nach Freiburg, in denen er Isabelle nicht sieht und nicht vergisst, beweisen keineswegs schmachtende Liebe: „Zehn Jahre hatte er sich, nicht gänzlich ernsthaft, als Frist gesetzt. Wenn er Isabelle nicht bis 2001 wiedergefunden hatte, würde er sie vergessen." (R S. 24/F S. 21) Der lächerlich wirkende Konditionalsatz mit dem willkürlich gewählten Datum gibt der Ehe kein solides Fundament. Kann man mit präziser Datumsangabe wie bei einer juristischen Verjährung Liebesangelegenheiten beschließen?

Rasche Entfremdung

Auch wenn rein körperlich zwischen den beiden zunächst alles zu funktionieren scheint und Jakob sie sexuell sicher anziehend findet (z. B. R S. 76, 134, 234/F S. 66, 117, 202), kühlt die Beziehung zwischen Isabelle und Jakob bereits nach der Hochzeit allmählich aus. Am Tag der Ankunft Isabelles in London muss er von der Sekretärin Maude gedrängt werden, sich für seine Frau freizunehmen („Der erste Tag mit Ihrer Frau!", R S. 132/F S. 112 f.). Die Ankunft Isabelles in London und dann in der Wohnung verläuft hölzern (R S. 133–137/F S. 114–117). Die Absicht Jakobs in den Tagen danach, „nicht allzu spät aus dem Büro zu kommen" (R S. 141 f./F S. 121), hat sich rasch erledigt (R S. 143/F S. 123), und Bentham muss ihn auffordern, endlich nach Hause zu gehen. Er vergisst eine Verabredung mit Isabelle (R S. 171/F S. 147), und die beiden trinken sich mit viel Wein ihre Abende schön („jeden Abend", R S. 167/F S. 143). Schließlich gesteht es Jakob sich selber ein: „Er hätte sie gerne gefragt, warum sie einander fremd wurden" (R S. 306/F S. 264). Eine Aussprache gibt es nicht; ohnehin sind Jakob und Isabelle oft allein in London unterwegs.

Verdrängte Bisexualität

Trotz der verschiedenen Liebschaften in der Vergangenheit, der Ehe und der zärtlichen Episode mit Miriam, der Frau aus der Menge vor dem Prediger (27. Kapitel), lassen sich Jakobs Beziehungsprobleme ein Stück weit mit seiner offenbar verdrängten Bisexualität erklären. Bereits in der Studienzeit wirken Hans und Jakob wie ein Paar (R S. 24/F S. 21). Das ist zwar noch nicht aussagekräftig, die Begegnung mit Bentham macht es allerdings deutlicher. Die erste Begegnung hinterlässt bereits einen tiefen Eindruck bei Jakob („Eine heftige, unruhige Bewegung empfand Jakob und spürte sein Herz klopfen", R S. 106/F S. 89), und als Bentham erstmals mit Isabelle bekannt gemacht wird, errötet Jakob („Gleich einem Schüler ...", R S. 140/F S. 120), als wäre es ihm unangenehm, dass er eine Frau hat und wie sie gerade gekleidet ist. Für die erste Einladung Benthams kauft Jakob sich extra einen dunklen Anzug mit Markenhemden (R S. 142/F S. 121); er fängt auch an, seine Treffen mit Isabelle der Zeit mit Bentham unterzuordnen (R S. 143/F S. 123), oder hofft, in der Freizeit Bentham zu treffen. Wenn das der Fall ist, setzt sein Herz „vor Freude einen Schlag aus" (R S. 211/F S. 182). Während eines von Bentham empfohlenen Parkkonzerts hält Jakob „unruhig nach Bentham Ausschau, der nicht gesagt hatte, dass er kommen wollte". (R S. 233/F S. 202) Bei den Spaziergängen mit Bentham nutzt Jakob, stets einen Schritt hinter ihm gehend, die Gelegenheit, Benthams Profil anzustarren, sodass es Bentham eigentlich bemerken muss (R S. 208/F S. 180). Als er kurz darauf an einem Regentag heimlich ein Männerpaar an einem Badeteich für Frauen beobachtet und meint, Bentham erkennen zu können, fühlt er sich beim Anblick der ausgetauschten Zärtlichkeiten ausgeschlossen und empfindet „Liebe (...) für den Jungen, für Isabelle, Alistair, Bentham" (R S. 238/F S. 206). Die Aufzählung lässt einerseits eine aufsteigende Rangfolge erkennen und gestattet mit der zahlenmäßigen Verteilung der Geschlechter auch den Rückschluss auf die Bedeutung des männlichen Geschlechts für Jakob.

Affäre mit Alistair?

Die Folgekapitel zeigen zudem ein lebhaftes Interesse Jakobs am Privatleben Benthams, besonders der Tatsache, dass sich dieser wie erwähnt eine gewisse Linderung seiner Einsamkeit nach dem frühzeitigen Tod seines Lebenspartners verschafft und sich regelmäßig für einige Tage mit jungen Männern zurückzieht. Sein Bedürfnis, Bentham während eines Gesprächs zu streicheln, „war Begehren und doch wieder nicht, nicht das, was er für Isabelle empfand, wenn er ihr Gesicht liebkoste" (R S. 298/F S. 258). Im 29. Kapitel ist zudem die Möglichkeit angedeutet, dass Jakob und Alistair miteinander intim werden, während Isabelle betrunken im Nebenzimmer liegt. Für diese Annahme spricht das verlegen wirkende Verhalten Alistairs, als sie sich danach wieder treffen. Er

„fuhr sich oft und öfter durchs Haar, war blass und sagte, dass er schleunigst nach Hause müsse" (R S. 275/F S. 238). Im 31. Kapitel wird ein Abschiedskuss zwischen Jakob und Alistair beschrieben und dass Alistair „beruhigend und zärtlich Jakobs Haar gestreichelt" hat (R S. 302/F S. 261) an jenem besonderen Abend, der sich im 29. Kapitel ereignet. Der zärtliche Kuss und eine Umarmung wiederholen sich (R S. 302/F S. 261), wobei Alistair Andeutungen auf Benthams Vorliebe für junge Männer macht (ebd.). Im 34. Kapitel lehnt sich Alistair im Gespräch eng an Jakob an und legt den Arm um seine Schulter (R S. 327/F S. 282).

Isabelle

Attraktiv, vermögend und kompliziert

Die attraktive Isabelle Metzel wird im Roman anders dargestellt als Jakob. Anstelle von formalen biografischen Details liegt der Fokus stärker auf Verhaltensweisen, die sich nach und nach zu einem komplizierten Persönlichkeitsbild verdichten. Die junge Frau mit den hellbraunen Haaren, einem vollkommenen Gesicht (R S. 13/F S. 12) und hübschen Beinen bzw. guter Figur (R S. 178/F S. 153) dürfte etwa 30 Jahre alt sein (R S. 14/F S. 13). Sie ist gutbürgerlicher Herkunft; ihr Vater ist ein bekannter Rechtsanwalt in Heidelberg (R S. 52/F S. 45). Ihre Mutter ist in ihren frühen Jahren einmal lebensgefährlich erkrankt; die unerwartete Genesung wird pompös gefeiert (R S. 52/F S. 45). Ohnehin scheint Geld kein besonderes Problem in der Familie Metzel zu sein. Regelmäßig erhält sie zu Weihnachten und an ihrem Geburtstag größere Beträge zur freien Verfügung, wie der Vater schreibt (R S. 15/F S. 14), die Isabelle jedoch nicht ausgibt. Der Kontakt mit den Eltern kann nicht als intensiv bezeichnet werden, zumal sie von einem Kindermädchen betreut wurde (R S. 51/F S. 44). In der allgemein angespannten Situation vor Ausbruch des Irak-Krieges und den Ängsten aller vor terroristischen Racheakten wird Isabelle in London von Freunden aus Deutschland angerufen, „sogar ihr Vater" (R S. 141/F S. 121) spricht in einem Telefonat von „unvermeidlich(en)" Anschlägen.

Das Partikelwort „sogar" könnte den Seltenheitswert der Telefongespräche andeuten.

Irritierender Umgang mit den Eltern

Zur Heirat lädt Isabelle die eigenen Eltern nicht ein, die eine derartig ungewöhnliche, besser gesagt kränkende Entscheidung „fügsam" (R S. 93/F S. 79) akzeptieren. Es besteht somit Grund zur Annahme, dass Isabelle wie eine verwöhnte Prinzessin erzogen wurde, die Eltern eine fehlende emotional bedeutsame Bindung durch materielle Ersatzleistungen kompensieren und alles in oberflächlichen Ritualen stattfindet. Insgesamt spielt für Isabelle so wie bei Jakob ein intensiv gelebtes zwischenmenschliches Miteinander im Familien- und Freundeskreis kaum eine wirkliche Rolle.

Job in einer Grafikagentur

Isabelle arbeitet nach der Studienzeit in einer Grafikagentur, wo sie viel arbeitet (R S. 36/F S. 32). Ihre erste Zeit in Berlin verbringt sie mit übertriebenem Konsumverhalten („wie besessen", R S. 15/F S. 14). Sie wohnt zunächst mit Alexa, einer Fotografin, zusammen; später allein. Als ihre Chefin Hanna erkrankt, kümmern sich alle Mitarbeiter liebevoll um sie. Überraschend erhält Isabelle nach dem Tod Hannas den Anteil an der Agentur in einer testamentarischen Verfügung zugeschrieben, obwohl sie nicht Grafikdesign studiert hat. Das spricht für ein gewisses Talent in diesem Metier.

Erste Begegnung mit Jakob

Isabelle hat Jakob während einer Vorlesung über Rechtsgeschichte in Freiburg kennengelernt (R S. 18/F S. 16). In die Freiburger Zeit fällt auch ein Spaziergang mit Jakob, der im Bett endet (R S. 12/F S. 11). Zu der Zeit befindet sie sich in einer unerfreulichen Beziehung mit einem „Liebhaber" (R S. 11/F S. 11), ein „verwahrlostes und demütigendes Zusammenleben" (R S. 11/F S. 11), was im Grunde wie eine Vorausdeutung der späteren Episode mit Jim wirkt. Im Gegensatz zu Jakob verbindet sie mit den Geschehnissen in Freiburg nichts. Bei ihrer ersten Begegnung nach zehn Jahren sieht sie Jakob „ohne Neugierde" (R S. 11/F S. 10) an und kann sich zunächst nicht an ihn erinnern (ebd.). Sie blickt ihm „unbefangen" in die Augen (R S. 12/F S. 11), und

Julia Jentsch als Isabelle in der Romanverfilmung von 2016 © UNAFILM GMBH

Jakob weiß, „dass sie nicht auf ihn gewartet hatte." (R S. 12/ F S. 11)

Ihr erstes Treffen nach der Party vom 11. September führt schnell zu einer Liebesnacht: „Lange blieben sie nicht." (R S. 57/F S. 49) Isabelle führt ein sexuell selbstbestimmtes Leben, und der Sex scheint für eine gewisse Zeit der dominierende Aspekt in ihrer Beziehung mit Jakob zu sein. Nach wenigen Treffen („fünf- oder sechsmal", R S. 57/F S. 49) beschließen sie zu heiraten. Dass es auch für Isabelle keine tiefe Liebesangelegenheit ist, belegt ein Gespräch mit Alexa. Auf die Frage „Aber warum wollt ihr heiraten?" (R S. 64/F S. 55) antwortet sie zögernd: „Es ist so passend … ", sowie etwas später ohne Zusammenhang mit dem eigentlichen Gesprächsverlauf, dass sie Jakob „aber sehr nett" finde (ebd.). Das reicht natürlich nicht für eine Ehe, und so wie Jakob die Entfremdung von Isabelle registriert (R S. 306/F S. 264), fragt sich Isabelle später in London innerlich mit Blick auf Jakob

Auch hier: wahre Liebe?

und sein Verhalten: „Warum tut er nie etwas? dachte sie, warum wehrt er sich nicht?“ (R S. 328/F S. 283)

Isabelle schaut lieber weg

Auf die bestürzenden Bilder von 9/11 reagiert sie mit Tränen, findet es aber „absurd, über Menschen zu weinen, die man nicht kannte“ (R S. 10/F S. 10). Ein Arbeitskollege wirft ihr vor, lieber „Shopping zu machen“ und keine Anteilnahme zu zeigen (R S. 38/F S. 33). Das Grab der Agenturinhaberin, die Isabelle großzügig ihren Anteil testamentarisch überschrieben hat und der sie beruflich alles verdankt, pflegt Isabelle offensichtlich nicht (R S. 324/F S. 193). Als ihr Kollege Andras in Mails auf erkennbare Weise seine schwierige emotionale Situation eröffnet, gibt es keinen Hinweis auf Trostversuche ihrerseits (R S. 226 f./F S. 194 f.). In London angekommen, registriert sie die beunruhigenden Geräusche aus der Nachbarwohnung („hörte sie die Nachbarn lärmen, nicht jeden Tag, aber oft genug, um darauf zu warten“, R S. 141/F S. 121). Auch nach zwei und mehr Wochen (R S. 166/F S. 143) nimmt sie den permanenten Lärm lediglich wahr, der sie im Homeoffice stören muss. Die Gespräche über den Krieg begleiten den Alltag, ohne dass sie zu einer engagierten Haltung führen würden. „Keine Grausamkeit, die man sich nicht ausmalen konnte. Könnte ich sie mir ausmalen? fragte sich Isabelle. Aber sie wollte nicht.“ (R S. 165/F S. 142) Die großen Antikriegskundgebungen, die damals bis zu einer Million Menschen mobilisierten, beschäftigen weder sie noch Jakob näher (R S. 168/F S. 144).

Zuhören ohne Folgen

Auch die eindeutigen Geräusche in der Nachbarwohnung führen bei Isabelle, die gerade im Auftrag eines Kinderbuchverlages arbeitet (R S. 175/F S. 150) und deshalb sensibilisiert für Kinder sein sollte, zu keiner nennenswerten Reaktion. Als etwas („Ein Stuhl? Ein Fernseher?“) gegen die Wand geworfen wird und sie sich entsetzt fragt, ob die Wand einstürzt (R S. 175/F S. 151) oder ob die Feuerwehr kommt, läuft sie lediglich ans Fenster, um einen Blick auf die Nachbarn zu werfen, die das Haus lautstark verlassen. Sie wird Zeuge der weiteren verbalen und auch physischen Gewalt auf der Straße, die Dave durch den Vater widerfährt und die die Mutter hilflos erträgt (R S. 176 f./F S. 151 f.). Sie hört Saras Wimmern und Rufe (R S. 176/F S. 152), teilt es Andras in Mails mit (R S. 228, 231/F S. 197, 199), schreitet aber nicht ein. Das an die berüchtigte Gafferei erinnernde passive Verhalten verändert sich auch nicht, als sie selbst erstmals das Opfer einer schockierenden Erfahrung wird. Als sie zu dritt nach dem Besuch der Theateraufführung von *King Lear* von fünf bewaffneten Männern überfallen werden, handelt sie couragiert und geistesgegenwärtig („stieß sie den Mann mit aller Kraft von sich und rannte durch die Lücke auf die Polizisten zu, winkend", R S. 197/F S. 170). Den Überfall verkraftet sie gut (R S. 198, 236/F S. 171, 204), und sie stellt anschließend zunächst keine nachhaltigen Reflexionen zur Gewalt an. Allerdings zeigen ihre Mails an Andras bezüglich ihrer Arbeit an einem Kinderbuch eine beginnende Auseinandersetzung mit den Geschehnissen innerhalb der Familie Saras (vgl. 26. Kapitel).

Tendenz zur Grausamkeit

Im sich langsam entwickelnden Finale furioso des Romans ab dem 29. Kapitel hilft sie der kleinen Sara jedoch nur halbherzig („Was für eine Idiotie, dachte sie widerwillig", R S. 263/F S. 227; „idiotisch, sich einzumischen", R S. 267/F S. 230); lacht über das kleine Mädchen, als sie auf der Mauer auf sie herabsehend in ihren Augen „Ausweglosigkeit und Leid" (R S. 266/F S. 230) sieht, anstatt sie mit zu sich zu nehmen; hat kein Problem damit, das Mädchen für „zwei oder drei Stunden" (R S. 267/F S. 231) allein im Garten zurückzulassen, obwohl sie weiß, dass Sara wahrscheinlich nicht zurück ins Haus kann, da die Tür mit Schnappschloss zugefallen ist (R S. 267/F S. 231). Und als sie Polly mit zu sich ins Haus nimmt und Freude daran hat, sie zu füttern, glaubt sie beim Gedanken an Sara, „die jetzt vermutlich heulend im Garten hockte" (R S. 268/F S. 232), sie sei „ein vergleichsweise glückliches Kind", da sie immerhin eine Katze habe (ebd.). Allein diese Szene offenbart eine unterschwellige Veranlagung zur Grausamkeit, die sich mit einem Verlangen nach rascher Wunscherfüllung mischt. Und so, wie sie die Katze statt Sara versorgt, weil es sie gerade mal erfreut, stößt sie die Katze von der Fensterbank, wenn sie sich von ihr genervt fühlt (R S. 269/ F S. 233, oder R S. 292/F S. 252: „mit einer wütenden, angewiderten Bewegung"). Die Steigerung ist, als Isabelle im Beisein Jims erzählt, dass Sara die Katze mit einem Stock geschlagen habe (R S. 347/F S. 299). Erst als es zu spät ist und sie am eigenen Leib Gewalt erlebt hat, ruft sie die Polizei. (R S. 355/F S. 306)

Obsessionen von Gewalt und Erniedrigung?

Der unterschwellig grausame Charakterzug in Isabelle rückt sie in die Nähe Jims; es ist keineswegs zufällig, dass sie sich finden. Sie hat wie Jim eine Suchtveranlagung, in ihrem Fall zum Trinken. Wie bei der Charakterisierung Jakobs erwähnt, ist Alkoholkonsum in dieser Ehe ein tägliches Ritual, oft übermäßig (R S. 167, 269, 330/F S. 143, 233, 284). Mir scheint, dass Grausamkeit in einem weiteren Sinne auch das Sexualverhalten Isabelles prägt und dass sie von sadomasochistisch anmutenden Obsessionen aus Dominanz und Erniedrigung getrieben wird. Das will erläutert sein. Es sei zunächst daran erinnert, dass sie eine gutaussehende Frau ist, der die Männer auf den ersten Blick geradezu zufliegen. Scheinbar könnte sie jeden haben: Jakob (R S. 17/F S. 16), Alistair („an Isabelle satt gesehen hatte", R S. 140/F S. 120), die Bauarbeiter (R S. 313/F S. 270); der bedauernswerte Andras liebt sie (R S. 53/F S. 45), sogar die fünf Männer beim Überfall nehmen sofort ihre Attraktivität wahr („Na, Süße, wie wär's mit uns?", R S. 196/F S. 169). Jakob lernt sie jedoch während ihrer Studienzeit kennen, als sie gerade in einer Beziehung mit einem namenlosen „Liebhaber" lebt, die sie selbst als verwahrlost und demütigend empfindet (R S. 11/F S. 11) und von der sie weiß, dass sie zu ihr „zurückkehren würde" (ebd.). Anstatt eine derartig belastende Partnerschaft schnellstmöglich aufzulösen, verharrt sie. Dieses Muster wiederholt sich ein Jahrzehnt später in den Begegnungen mit Jim, der sie respektlos behandelt (R S. 190, 192/F S. 164, 166). Und obwohl sie sich in einem Traum über Jim „billig" (R S. 311/F S. 268) fühlt und weiß, „dass sie ihm nachlief, würdelos" (ebd.), unterlässt sie es nicht. Besonders die Schrecken der Nacht im 37. Kapitel tragen Züge einer Mischung aus Gewalt, Dominanz und Erotik; selbst als Isabelle gesehen hat, wie Sara blutig geschlagen wurde („[…] ihre Lippen sich öffneten, ihre Zunge seinen Finger berührte […]",R S. 347 f./F S. 300; „Ich kann nichts tun, dachte Isabelle wieder und wieder, spürte den warmen Körper, schmiegte sich an ihn […]").

Masochistische Tendenzen

Sicherlich findet sie Jim von Beginn an anziehend (R S. 188/ F S. 162: „sie schaute immer noch in seine Richtung"; ihre Erregung im Park, R S. 191/F S. 165). Aber mit Liebesempfindungen hat das nichts zu tun. Als sie sich entblößt, er ihr mit dem Messer die Haare abgeschnitten hat und sie sich notgedrungen nach seinem Weggehen mit seinen schmutzigen, stinkenden Klamotten bekleidet, die sie zum Würgen bringen und deren Stoff an ihre Scham stößt (R S. 352/F S. 303), würde man erwarten, dass sie sich schnell davon befreit. Allerdings trägt sie Jims Kleidung auch am nächsten Tag noch (R S. 358/F S. 308), als Jakob eintrifft, sodass sich der Eindruck der besagten sexuell motivierten sadomasochistischen Obsessionen festigt. Ergänzend sei erwähnt, dass sie Alistairs besitzergreifenden Kuss vor den Augen Jakobs (R S. 326/F S. 281) nicht etwa mit einer Ohrfeige quittiert; vom konfliktscheuen Jakob wäre eine passende Reaktion ohnehin nicht zu erwarten, wie Alistair feststellt: „Du erlaubst schon, dachte ich mir." (Ebd.) Sogar beim Überfall auf die Freunde kommt das beschriebene Muster zur Geltung. Isabelle nimmt den Atem, Schweiß und die Wärme des Räubers wahr, blickt den bewaffneten Mann an, der sie verbal erniedrigt, „suchte, ob bei diesem Mann etwas zu finden war" (R S. 196/F S. 169), nimmt schließlich sein Gesicht an den Ohrläppchen in die Hände „und zog sein Gesicht näher, als wollte sie ihn küssen." (Ebd.) Es scheint so, als könnte man Isabelles Familiennamen Metzel als das verstehen, was die angelsächsische Literaturwissenschaft einen *telling name* nennt.

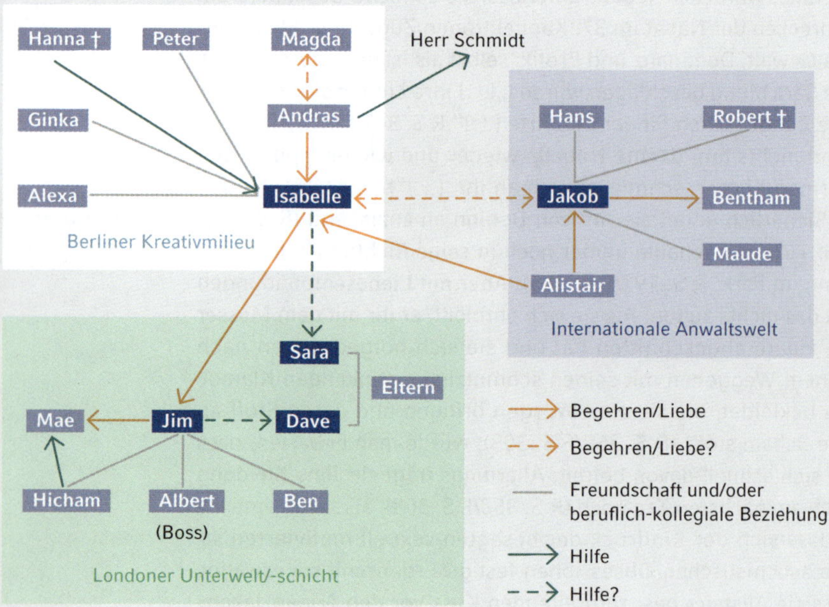

Andras

Liebenswerter Zeitgenosse

Der unglücklich in Isabelle verliebte Andras wird spätestens im 6. Kapitel zu einem sympathischen Charakter und hat in mancherlei Hinsicht die Funktion eines Gegenentwurfs innerhalb des gesellschaftlichen Milieus der Aufsteiger wie Jakob, Isabelle oder Alistair. Er ist im Jahr 2001 etwa 41 Jahre alt (R S. 47/F S. 40). Seine Familie mit jüdischen Wurzeln lebt in Ungarn und ist durch die Zeit in der sozialistischen Ära vor existenzielle Entscheidungen gestellt worden. Der von den Sowjets niedergeworfene Aufstand von 1956 trieb seinen Onkel und seine Tante wie viele andere in den Westen (R S. 46/F S. 40). Die Eltern von Andras beschließen, ihrem Sohn eine bessere Zukunft im Westen zu ermöglichen;

er wird mit 14 Jahren von seinen Eltern zu einer Besuchsreise von Tante und Onkel geschickt, die hinter seinem Rücken von ihnen ohne Rückkehr organisiert wird. Die Mutter weint beim Abschied (ebd.), und die Tante tut Andras gegenüber so, als würden seine Eltern später nachkommen (ebd.), was er durch das Verhalten seines Onkels bald als Notlüge durchschaut. Onkel und Tante kümmern sich liebevoll um Andras, indem sie ihn materiell so gut es geht unterstützen, eine billige Wohnung unweit des Arbeitsplatzes vom Onkel in einem Krankenhaus beziehen und dem jungen Mann Geld zukommen lassen, damit er studieren kann (R S. 49 f./F S. 42 f.). Sogar die Arbeit als Krankenpfleger verheimlicht der Onkel und spielt Andras gegenüber die Rolle eines Arztes, um die generöse Unterstützung, die sie sich vom Munde absparen, zu relativieren. Aufgrund ihrer Erfahrungen mit der ungarischen Revolution von 1956 achtet die Familie darauf, dass sich Andras nicht mit politischen Fragen beschäftigt oder einmischt (R S. 48/F S. 41).

Verhältnis zu Isabelle

Andras selbst wiederum, „eine Randfigur, ein Fremder, ein disziplinierter unauffälliger Vagabund" (R S. 47/F S. 40), gibt lange vor, Kunst zu studieren, obwohl er sich für ein Studium des Grafikdesigns entschließt und in einem winzigen Zimmer zeichnet anstatt in dem von der Familie finanzierten Atelier (R S. 50/F S. 43). Er arbeitet sich hoch und wird in der Agentur beschäftigt, in der auch Isabelle arbeitet. Nach dem Tod von Tante und Onkel möchte er deshalb auch nicht nach Ungarn zurückkehren, obwohl ihn seine Mutter und seine Schwester sowie ein Freund dazu überreden wollen („Seit Isabelle angefangen hatte, im Büro zu arbeiten, war es für ihn letztlich undenkbar, Berlin zu verlassen", R S. 46/F S. 40). Isabelle spürt früh, wie unglücklich verliebt Andras in sie ist, und nutzt dies für die Zuweisung einer Rolle. Sie behandelt ihn wie einen älteren Bruder (den sie nicht hat) und „quälte ihn, wie man jemanden quälte, dessen man sich sicher war." (R S. 41/F S. 36) Andras fügt sich in diese Rolle und fungiert tatsächlich als guter Freund, der Isabelle die Tränen aus dem Gesicht wischt (R S. 42/F S. 37), ihr zuhört oder sie zum Essen einlädt. Dieses von Isabelle so geformte Verhältnis ist einseitig: Während Andras für Isabelle eine zuverlässige Anlaufstelle für persönliche Gespräche abgibt, wird dieser Dienst in einer Krisensituation von Isabelle nicht erwidert (vgl. 26. Kapitel). Da Andras ein aufmerksamer und einfühlsamer Mann ist, weiß er auch um ihre innere Unausgeglichenheit und seelischen Konflikte: „Isabelle erinnerte ihn an ein gefangenes Tier, das täuschend reglos blieb, um seinen Ausbruchsversuch vorzubereiten" (R S. 41/F S. 35). Auch bei ihrem Abflug nach London registriert er in ihren Augen eine „unerbittliche Ziellosigkeit" (R S. 128/F S. 110), die wie ein schlechtes Omen für die kommende Zeit dort begriffen werden kann.

Hoffnungslos verliebt!

Die Nachricht von der Beziehung mit Jakob erträgt Andras, ohne sich von Isabelle zurückzuziehen:

> „Er, Andras, ihr Ritter und treu bis in den Tod, hatte sich selbst zur komisch-traurigen Gestalt gemacht. Wie auf den Leib geschneidert, längst mit ihm verwachsen war diese Rolle." (R S. 53/F S. 46)

Er empfindet auch keine Eifersucht, als er Jakob kennenlernt, ihn sympathisch findet und sieht, wie sich das scheinbar glückliche Paar küsst (R S. 95 f./F S. 80). Für gewöhnlich spielt er mit dem Gedanken einer Rückkehr nach Budapest, ohne diesen Plan zu realisieren (R S. 96/F S. 80).

Magda als freiwillige Lückenbüßerin

In Magda, einer verwitweten und älteren Galeristin, findet er emotionalen Halt und Trost für seine „eigene Bedürftigkeit" (R. S. 97/F S. 82). Obgleich Magda weiß, dass Andras nach wie vor in Isabelle verliebt ist („Von wem hast du geträumt, von deiner Kleinen?", R S. 97/F S. 81; „Glaub mir, es gibt keine bessere Grundlage für eine Ehe, als wenn der eine akzeptiert, dass der andere ihn nicht liebt", R. S. 97/F S. 82), wirbt sie um ihn und hat Erfolg. Interesse verdient die Bemerkung eines Obdachlosen, der im Wohngebäude von Andras einen Unterschlupf und in Andras fast so etwas wie einen Freund gefunden hat. Als er Magda und Isabelle kennengelernt hat, teilt er Andras verlegen mit, „dass ihn Unglück erwarte, wenn er die jüngere der beiden Frauen heiraten würde" (R S. 99/F S. 84); ein Urteil, dem man mit Blick auf Isabelles Charakter durchaus zustimmen kann. Als Magda nach einiger Zeit beschließt, sich vorsichtshalber in Anbetracht seiner Gefühle für Isabelle von ihm zu trennen, um einer möglichen unschönen Szene vorzubeugen (R S. 222/F S. 191), wird Andras davon in eine Krise gestürzt. Er fängt an zu rauchen, sucht mal die Einsamkeit und mal einen erotischen Erfolg bei anderen Frauen oder wandert ziellos durch Berlin.

Loslösung von Isabelle?

Magdas Entscheidung, zu Andras zurückzukehren, gibt ihm etwas emotionalen Halt. Außerdem bahnt sich damit die im 35. Kapitel beginnende Loslösung von Isabelle an. Als sie ihn in anruft und bittet, nach London zu kommen (seiner Frage, ob es ihr wirklich gut gehe, weicht sie aus), steht er endgültig zu Magda und lehnt ihre Bitte höflich, aber entschieden ab (R S. 332/F S. 286). Er möchte auch nicht länger mehr mitansehen, wie getrieben Isabelle innerlich ist („wie ein Tier, dachte er, das im Käfig hin- und herläuft, er ärgerte sich darüber", R S. 331/F S. 286). Die Kraft, sich von Isabelle zu trennen, dürfte ihm auch die konstruktiv bewältigte und im 26. Kapitel beschriebene Sinnkrise gegeben haben: „Drei Monate früher (...) wäre er nachts ins Büro gelaufen, um einen Flug zu buchen." (R S. 331/F S. 286) Allerdings sind Zweifel angebracht. Als es kurz danach an der Tür klopft, hofft er absurderweise auf Isabelle, und sein Herz klopft aufgeregt (R S. 335/F S. 289).

Positives Gegenbild

Andras stellt in Hackers Roman ein positives Gegenbild dar in einer Gesellschaft, in der viele ihr persönliches Wohlergehen favorisieren. Andras hat ähnlich gute Eigenschaften wie sein Kollege Peter. Insbesondere seine fürsorgliche Unterstützung des Obdachlosen ist zu nennen. Er verrät Herrn Schmidt nicht, als dieser illegal auf dem Dachboden einzieht, unterstützt ihn materiell (vgl. 15. Kapitel), scheut nicht den Kontakt zu ihm und unterhält sich oft mit „Herrn Schmidt". Es ist ihm auch nicht gleichgültig, was aus dem Mann wird, als er sich entscheidet, zu Magda zu ziehen (R S. 332/F S. 286). Im Gegensatz zu Jakob hat Andras einen Hang, Gegenstände aufzuheben, anstatt sie wegzuwerfen (R S. 44/F S. 38). Er ist nicht konsumfixiert und legt großen Wert auf Herzlichkeit.

Bentham

Nachlässige Eleganz

Über Bentham[12] wurde bereits einiges geschrieben. Der 66 Jahre alte Jurist und Kanzleiinhaber Bentham ist jüdischer Herkunft, heißt eigentlich Bensheim (R S. 295/F S. 255), ist kinderlos und hat keine Verwandten (R S. 99/F S. 85). Die Kanzlei bietet einen etwas befremdenden Anblick, was unmittelbar zur Faszination seiner Person beiträgt, die er offenkundig auf Jakob und auch seine Mitarbeiter ausübt. Im 1. Stock fällt dem Besucher der Renovierungsbedarf („abgerissener Teppich", R S. 105/F S. 89) des Interieurs auf. Im zweiten Stock sehen die Dinge schon besser aus; gediegene Ledersessel und moderne hochpreisige Rechner prägen das Bild. Im 3. Stock tritt dem Besucher schließlich ein Gentleman „in einem makellosen dreiteiligen Anzug aus schwarzem Tuch" (R S. 106/F S. 89) entgegen, der ein Seidentuch elegant um den Hals geschlungen hat und eine kleine Blüte in sein Revers steckt. Gesicht und Hals werden als groß und fleischig beschrieben, ebenso die Nase, Kinn und Backenpartien. Buschige Augenbrauen, ein schmaler weicher Mund, der breite Brustkorb, sein Bauchansatz und etwas zu kurze Beine runden das Äußere eines betagten Mannes mit Stilempfinden und eigenwilligem Kunstgeschmack ab (R S. 106–108/F S. 89–91).

Anwalt als Engel der Geschichte

Bentham ist erfolgreich in einem Metier, das sich im Wesentlichen um Rückerstattungs- und Wiedergutmachungsprozesse

---

12 Der Name ist vielleicht eine Anspielung auf den englischen Philosophen und Sozialreformer Jeremy Bentham (1748–1832), den Begründer des Utilitarismus.

aus der NS- und der DDR-Vergangenheit dreht; er ist Partner der Berliner Kanzlei, die Jakob beschäftigt. Dennoch scheint er keinerlei finanziellen Ehrgeiz zu besitzen. Seine Gewinne verteilt er unter seiner Belegschaft, und Alistair mutmaßt, er werde alles verschenken (R S. 99/F S. 85). Tatsächlich scheint es ihm bei seiner mit Akribie betriebenen Arbeit um idealistische Motive zu gehen. In einem Gespräch mit Jakob definiert er Juristen als „Historiker einer als gerecht gedachten Geschichte, einer Rechtlichkeit, die objektiv ist." (R S. 170/F S. 146) Und: „Wenn es schon den Engel der Geschichte nicht gibt, nicht wahr, dann muss doch wenigstens etwas anderes zuverlässig sein." Über das Rechtssystem ist Bentham also bemüht, Amoralität in der Geschichte nachträglich zu kompensieren (vgl. auch R S. 214 f./F S. 185 f.).

Melancholisch und homosexuell

Bentham hat bestimmte private Gewohnheiten, denen er regelmäßig nachgeht. Neben den Spaziergängen in den Regent's Park sind es wie bereits erwähnt regelmäßige längere Abwesenheiten, um sich mit gepflegten Callboys zu treffen. Seine Homosexualität geht einher mit einer tiefen Liebe zu seinem viel zu früh verstorbenen Lebenspartner, über dessen Tod er nicht hinwegkommt. Früh wird Jakob auf die mehrtägigen Abwesenheiten Benthams aufmerksam, die niemanden beschäftigen („es schien nichts ungewöhnlich daran zu sein", R S. 122/F S. 103). Als er eines Tages den auf jemanden wartenden Bentham in einem weißen Anzug, mit schwarzer Fliege und hellen Schuhen auf einer belebten Straße sieht, wird er Zeuge, dass die Leute sich über dessen Kleidungsstil ungeniert amüsieren (R S. 211/F S. 182), was Bentham nicht im Geringsten stört. Die Offenheit, mit der Bentham Jakob gegenüber spricht (31. Kapitel), und seine Melancholie, die er mit regelmäßigem Whiskeykonsum betäubt, stehen im Kontrast zur Verschlossenheit Jakobs. Im Gegensatz zu Jakob gehen Bentham die Nachrichten über die Kriegsverbrechen im Irak, an denen auch britische Soldaten beteiligt sind, nahe: „Aber Bentham war entsetzt, er war niedergeschlagen." (R S. 328/F S. 283) „Man muss Erbarmen haben", gibt er Jakob mit auf den Weg (R S. 358/ F S. 309).

Jim

Opfer von Misshandlung und Missbrauch

Die Kindheit des 26-jährigen Jim (R S. 185/F S. 159) dürfte ähnlich miserabel gewesen sein wie die von Dave. In seiner Schulzeit ermuntern ihn die Lehrer, „dass er durchhalten solle, (...) als er mit den blauen Flecken, den Striemen, die sein Vater ihm beigebracht hatte, im Sportunterricht erschien." (R S. 181 f./F S. 156) Mit 13 Jahren nimmt er sich vor, von daheim wegzulaufen und nach London zu gehen; von der Stadt macht er sich Vorstellungen voller jungenhafter Abenteuerfantasien. Mit 16 Jahren setzt er seinen Plan schließlich um. „Aber es war ein Schock gewesen, anzukommen und vor dem Bahnhof zu stehen, nach all dem, was er sich ausgemalt hatte, ein Leben, das frei und wild war." (R S. 185/ F S. 159 f.) In London versinkt Jim alsbald in der Hoffnungs- und Perspektivlosigkeit eines Straßenkindes, bis er vom Gangster Albert als „Straßendreck" aufgelesen wird (R S. 112/F S. 95). Die folgenden Jahre sind noch schlimmer als die Kindheit. Es ist ein Kreislauf aus Drogenabhängigkeit, Entzug, Prügel, Vergewaltigtwerden und Auftragskriminalität. In einer der verwahrlosten Hinterhofwohnungen, denen Albert zynische Namen wie „Paris, Rom, Jerusalem" (R S. 112/F S. 95) gibt, kommt Jim unter. Es ist eine Art Lagerraum, wo er sich „ein winziges Klo mit den anderen" teilt und die Tage mit Diebstahl verbringt, das Diebesgut verpackt und als Gegenleistung „Hasch und manchmal Kokain, Versprechungen, warme Mahlzeiten" (ebd.) erhält. Wenn Jim versucht wegzulaufen oder eigenmächtig handelt, wird er von Alberts Leuten durchgeprügelt, eingesperrt oder vergewaltigt (R S. 112/F S. 96) oder „als hübsche(r) Kerl" (R S. 113/F S. 95) zur Prostitution gezwungen. Er verübt daneben Diebstähle, Einbrüche, Dealen, Botengänge und Körperverletzungen (R S. 113–115/ F S. 96–98).

Toxische Beziehung zu Mae

Jim ist trotz der langjährigen Drogenabhängigkeit, der Prügel und des Lebens in der dreckigen Unterwelt Londons ein gutaussehender Mann (R S. 73, 181, 190/F S. 63, 156, 164). Eines Tages lernt er die attraktive Mae kennen, die ähnlich wie Isabelle aussieht (R S. 146/F S. 125) und zunehmend im Strudel ihrer Drogen- und Tablettensucht versinkt: „Beugte sich vor, würgte, Schleim tropfte aus ihrem Mund; sie wurde immer dünner." (R S. 29/F S. 24) Hinter dem Rücken Jims wird sie von Ben, einem Gangster aus der Bande, mit Drogen versorgt, weil er die hübsche Mae begehrt (R S. 29/F S. 24). Die Beziehung mit Jim tut Mae keineswegs gut. Die Sexualität mit ihm kann sie bald nicht mehr genießen: „ihr Körper wurde schlaff, sobald er sie umarmte, und wenn er in sie eindrang, hustete sie, hustete, bis er fühlte, dass er taub wurde." (R S. 28/F S. 24 f.) Jim macht dieser Umstand zu schaffen. Ein wichtiger Grund für Maes unglückliche Lage dürfte Jims aggressives, von Hass geprägtes Naturell sein, das sich offenkundig auch in der rücksichtslosen Begierde auf Mae verdeutlicht.

Voller Hass und Aggression

Einige Beispiele: Mae wiederholt mehrfach Jim gegenüber, dass er „voller Hass" (R S. 30/F S. 27) sei, auch als Erzählerkommentar („leichtfüßig, voller Hass", R S. 83/F S. 71). Er schlägt Mae (R S. 26/F S. 23) oder andere Frauen wie Alice (R S. 117/ F S. 100), sogar Kinder, meist aus nichtigen Gründen („[...] stieß den Jungen, der vor dem Automaten stand und ihn erschreckt anstarrte, so heftig, dass er hinschlug [...]", R S. 186/F S. 160; „... während Sara noch einen Moment schwankend dastand, bevor sie fiel, blutend [...]",R S. 347/F S. 299). Einen hilflosen und bewusstlos daliegenden Betrunkenen möchte er am liebsten treten, kann sich aber wegen vieler Zeugen gerade noch beherrschen (R S. 73/F S. 63). Er ist laufend streitlustig (R S. 148, 154/F S. 127, 133), und seine Sprache ist geprägt von Aggression: „dem verfickten Pack" (R S. 70/F S. 60); „Das fette Schwein." (R S. 84/ F S. 72). Hinzu kommen seine ausländerfeindlichen Bemerkungen (R S. 118, 150/F S. 100, 129).

Mae wird Jims erstes Opfer

Auch Mae wird schließlich das Opfer seiner unkontrollierten Aggressivität, die sich aus allgemeinem Menschenhass und einem abwertenden Frauenbild zusammensetzt (er spuckt vor Frauen aus, R S. 74/F S. 64). Er verletzt sie mit einem Messer so schwer, dass seine Gangsterkollegen Ben und Albert einen Krankenwagen rufen müssen (R S. 81, 117/F S. 69, 99 f.). Danach beendet Mae ihre Beziehung mit Jim und taucht unter. Später wird sie von Hisham, einem Helfer Alberts, gefunden. Er zeigt Jim Fotoaufnahmen ihres dauerhaft von Jims Messerschnitten entstellten Gesichts (R S. 286/F S. 247). Immer wieder scheint Jim wohl durch seinen langen Drogenkonsum bedingte Aussetzer und Gedächtnislücken zu haben.

Träume vom besseren Leben

Jim reagiert auf sein verpfuschtes Leben nicht nur mit wahlloser Aggression, sondern auch mit Sozialneid (R S. 29/F S. 24), anstatt sich selbst aus dem Sumpf zu ziehen und Perspektiven zu eröffnen. Allerdings muss bedacht werden, dass Albert ihn erpresst und seine Versuche wegzulaufen mit schwerer Prügel bestraft; es ist also leichter gesagt als getan (R S. 113/F S. 96). Er flüchtet sich in eine irrationale Traumwelt, in der er für sich und Mae einen neuen Start in ein besseres Leben hinbekommt und eine Postkartenidylle auf dem Lande, umgeben von Hügeln und Rosen in einem schönen Haus mit Garten, erschafft: „aus London weg, und irgendwo auf dem Land würden sie neu anfangen" (R S. 30/F S. 26). Woher das Geld dafür kommen soll, bleibt unklar.

Groteske Hilfsbereitschaft

Von einem Bekannten, der scheinbar Angst vor ihm wegen geringer Schulden hat, bekommt er vorübergehend eine Wohnung in der Lady Margaret Road neben Isabelle und Jakob überlassen. In der Nachbarschaft von Saras Familie hegt er gewisse Sympathien für Dave, mutmaßlich weil er ihn an seine eigene Kindheit erinnert, während er die kleine Sara nicht leiden kann. Aber auch Dave behandelt er mit einer Mischung aus widerwilliger Hilfsbereitschaft und Aggression (R S. 181/F S. 156). Allerdings sind seine grotesk wirkende Hilfsbereitschaft Dave und Sara gegenüber – grotesk, eben weil er seine Hilfe schnell bedauert und sie für die Kinder wohl kaum als rundweg glückliche Erfahrung gelten kann (vgl. 36. Kapitel) – und auf eine paradoxe Weise auch das schreckliche Finale im 37. Kapitel der Grund dafür, dass sich etwas für die Kinder verändert. Dazu wird im Kapitel 3.7 dieser Erläuterung noch mehr zu sagen sein.

Will Isabelle eine Lektion erteilen

Wegen ihrer Ähnlichkeit mit Mae ist Isabelle für Jim eine Ersatzperson, an der sich seine Unfähigkeit zu lieben bzw. die beschriebene Persönlichkeitsstruktur aus Hass und Aggression entlädt. Erst beobachtet er sie und registriert natürlich auch, dass Isabelle ihn anstarrt. Er geht dann offensiv auf sie zu. Ihr gemeinsamer Ausflug mit den Küsschen und Tändeleien vor allen Leuten im 32. Kapitel könnte den Eindruck erwecken, dass er Gefühle für sie hegt. Allerdings zeigt sich schnell ein genau kalkuliertes Spielchen mit ihr. Auf R S. 292 f./F S. 253 beschließt er nach der Beobachtung, wie Isabelle die Katze behandelt, dass er ihr eine Lektion erteilen möchte. Und im 32. Kapitel prophezeit er ihr: „Ich werde es dir beibringen, du wirst sehen, ich bringe dir bei, wie man etwas nicht vergisst" (R S. 318/F S. 274); ausgehend von einem in seinen Augen strukturellen Gegensatz zwischen seiner und ihrer Welt („dass wir nichts verzeihen", R S. 317/F S. 273).[13] In der Gewaltorgie im 37. Kapitel setzt er das um. Dabei werden die Muster seiner Persönlichkeit deutlich: seine skrupellose Aggression, sein Frauenbild oder genauer gesagt sein Frauenhass, der sich aus einem allgemeinen Menschenhass ergibt, und sein Gespür für Isabelles sadomasochistische Veranlagung: „Du würdest überall betteln, nicht? sagte Jim." (R S. 348/F S. 300) Auch wenn er London verlässt, so spricht rein gar nichts dafür, dass sich sein Leben oder sein Charakter ändern würden.

---

13 Die sozialen Klassengegensätze zwischen den vergleichsweise schlechter gestellten Menschen und den besser Lebenden („them and us") ist in England auch literarisch oft verarbeitet worden; besonders einprägsam in den Erzählungen von Alan Sillitoe (1928–2010).

Sara und Dave

Misshandelte Kinder

Es ist eine ausgesprochen deprimierende Aufgabe, über Sara und Dave zu schreiben. Dave ist das ältere Kind der Familie, die zur Arbeiterschicht Englands gehört. Der Einzug in die Lady Margaret Road ist für ihn mit der Hoffnung auf eine Besserung der Familiensituation verbunden (R S. 7/F S. 7). Er besucht die Schule, aber viel Freude kann er daran nicht haben. Er wird von anderen Jungs gemobbt und verfolgt (R S. 150 f./F S. 129), sodass er sich stundenlang versteckt. Ob der Junge in Jim ein gewisses Vorbild sieht, sei dahingestellt; es ist aber anzunehmen, da er seine Nähe sucht (R S. 150 f./F S. 128 f.). Dass er einen guten Charakter hat, aber auch das Falsche tut, beweist sein couragierter Hinweis auf die Freundlichkeit der Chinesen, die ihm mit Essen aushelfen, nachdem Jim sich über sie als Ausländer abfällig geäußert hat. Dave stiehlt Geld für seine Schwester, um die er sich liebevoll kümmert (R S. 150/F S. 128) und die er „little cat" nennt. Der Junge hat eine lebhafte Fantasie, was für einen wachen, nicht ausreichend geförderten Verstand spricht. Er erschafft für Sara das Feenreich der Staubkörner im Zimmer, die im Sonnenlicht zu tanzen scheinen (R S. 158/F S. 135), und tröstet sie beispielsweise mit der Analogie, dass „ein einziges Staubkorn vollständig und wunderschön sei" (R S. 158/F S. 136), weil Sara unter dem kruden Hinweis des Vaters auf ihre Kleinwüchsigkeit leidet.

Dave versucht, Verantwortung zu übernehmen

Im Gegensatz zu seinem Vater, der ihn schlägt (R S. 180/F S. 155), begreift Dave die Bedeutung der Schule für die Zukunft Saras und auch ihre intellektuelle Eignung für den Schulbesuch, den der Vater verweigert (R S. 158/F S. 136). Ähnlich wie Jim fasst er den Plan, mit Sara einmal zu fliehen (R S. 159/F S. 137), auch wenn er Angst hat. Er hilft seiner Schwester, so gut es geht, ihre Bettnässerei bzw. ihr Urinieren hinter dem Sofa vor den Eltern zu kaschieren (R S. 9/F S. 9). Trotz seines Alters übernimmt er damit also eine Verantwortung, die er natürlich schlecht tragen kann. Als er hilflos eine brutale Prügelstrafe seines Vaters miterlebt, läuft er überfordert aus dem Haus (21. Kapitel, R S. 160/F S. 137) und bleibt tagelang weg. Dass er durch Jim Hilfe, aber auch irrationale Gewalt gegen sich erlebt (R S. 181/F S. 156 f.), erträgt er und hilft ihm beim Aufräumen. Zum Ende des Romans könnte seine mutige Rückkehr der Grund dafür sein, dass Sara und Isabelle nichts Schlimmeres passiert (R S. 349/F S. 301).

Ein „Schandfleck"?

Sara, die jüngere Schwester von Dave, ist zwar vom Alter her schulreif, wird aber von ihrem Vater praktisch vor der Öffentlichkeit versteckt, weil er sie für „zurückgeblieben" (R S. 255/F S. 221) hält, da sie nicht wachse und ein „Schandfleck" (R S. 182/F S. 157) sei. Auch zum Schwimmen darf sie nicht (R S. 159/F S. 137). Damit nicht genug: Der Vater verprügelt Sara mit einem Gürtel (R S. 160/F S. 137) und droht ihr, man werde sie einsperren, womit er vermutlich eine psychiatrische Anstalt meint (R S. 254/F S. 220). Sara muss die alten Klamotten von Dave tragen und bekommt von ihrem Vater die Haare geschnitten, weil er für seine Tochter kein Geld ausgeben will (R S. 255/F S. 220). Von anderen Kindern wird sie ob ihrer Kleidung und ihres Aussehens verspottet (R S. 256/F S. 221). Ihren Arm hat er einmal bis zur Schulter in einen Farbeimer gedrückt, damit man sie von weitem besser erkennen und finden könne (R S. 260/F S. 225). Oft wiederholt er unter Schlägen die Aussage, dass Sara wegen ihrer Kleinwüchsigkeit zurückgeblieben sei, nicht dauernd heulen solle, man keine neue Matratze für sie kaufen werde, nur weil sie ins Bett mache, und dass sie und ihre Mutter sowie Dave „zur Hölle" fahren sollen; er habe sich sein Leben anders vorgestellt (R S. 319 f./F S. 275 f.). In der Regel wird sie daheim eingesperrt, oft sogar ohne Nahrung und ohne Licht im Bad, wenn ihre Bettnässerei entdeckt wird (R S. 60–63/F S. 51–54). Das Ausmaß der physischen und lauten verbalen Gewalt hinterlässt Spuren. Die kleine Sara unterscheidet innerlich zwischen guten und schlechten Tagen. Gute Zeiten seien, „wenn ihr Vater aufstand und nüchtern war" (R S. 60/F S. 52), die Eltern schnell das Haus verließen, die Türen nicht abgeschlossen seien oder der Vater selbstzufrieden esse; schlechte Tage gebe es stets, wenn die Eltern den ganzen Tag zu Hause blieben (vgl. 8. Kapitel). Über die Perspektive Isabelles weiß man, dass dann Streit ausbricht und der Vater in einem Ausmaß randaliert, als würde die Wand einstürzen.

Saras Verhaltensauffälligkeiten

Sara entwickelt (wenig überraschend) physische und psychische Verhaltensauffälligkeiten. Sie macht laufend in die Hose („jede Nacht", R S. 319/F S. 275) oder uriniert hinter dem Sofa (1. Kapitel); vielleicht weil sie Angst hat, im Bad eingesperrt zu werden. Das kleine Mädchen hat Alpträume (R S. 337/F S. 291), wird körperlich bei Annäherungen stocksteif (R S. 338/F S. 291), ist ängstlich vor Fremden bzw. misstrauisch (R S. 266/F S. 230) oder blickt ihnen konzentriert ins Gesicht, „um zu verstehen, was von ihm erwartet wurde, und sich dann duckte, als fürchtete es, bestraft zu werden." (R S. 124/F S. 105) Ihren konzentrierten Blick empfindet Jim als lästig; er mag Sara nicht. Auch auf andere Personen im Roman wirkt das verwahrloste Kind mit dem blassen spitzen Gesichtchen ungünstig. Jakob hält sie für ein „Bucklicht Männlein" (R S. 133/F S. 114).

Permanentes Schuldgefühl

Die völlig irrationalen und vor allem unberechenbaren Gewalteruptionen ihres Vaters haben also Misstrauen sowie ein sich verdichtendes permanentes Schuldgefühl zur Folge. Sara glaubt, etwas falsch zu machen oder nicht rechtzeitig genug zu erkennen, was sie zu tun hat, was dann mit Schlägen bestraft wird. Im 28. Kapitel wird klar, wie Sara anfängt, sich selbst die Schuld für Daves Weglaufen vor dem Vater zu geben. Überdies fängt sie an, Gewalterfahrungen weiterzureichen, in dem Fall an Polly. Dies passiert in einer Fantasiewelt, in die sie sich hineinsteigert und in der sie hofft, einen bösen Drachen, der alles Unglück für sie und ihre Familie verursacht, endgültig zu töten. Dabei erschlägt sie fast Polly mit einem Knüppel („denn jeder Kampf hatte seine Waffe, sagte Dave, sagte Dad", R S. 259/F S. 224). Dass Saras Fantasiewelten für einen wachen Verstand sprechen und sie eben nicht „zurückgeblieben" ist, wie es der unfähige Vater meint, dürfte klar sein.

Ausgewählte Nebenfiguren

Im Roman tauchen recht viele Personen und Namen auf. Es dürfte für die Interpretation eine gewisse Rolle spielen, wenn sich die Bedeutung dieser Personen nicht weiter bestätigt, die sie zunächst zu haben scheinen. Das urbane Umfeld und die moderne Mobilitätsgesellschaft in einer globalisierten, schnelllebigen Welt geben hier einen Rahmen vor. Näheres wird in der Gesamtdeutung zu klären sein. Hier werden nur die wohl wichtigsten Nebenfiguren genannt.

Alistair

Sinnliche Ausstrahlung

Als „man of extraordinary capacities" (R S. 101/F S. 85) wird der Anwaltskollege Alistair Jakob vorgestellt. Er ist ähnlich groß wie Jakob, hat grüne Augen, Sommersprossen und trägt ein elegantes Jackett (R S. 102/F S. 86). Sein knochiges Gesicht mit einem schön geschwungenen Mund und sehr langen Wimpern deutet eine gewisse Sinnlichkeit an. Neben seiner lebhaften und natürlichen Art wird auch erwähnt, dass er unablässig reden kann, besonders über andere Leute. Jakob wird gewarnt, er solle sich von Alistair „nicht in Grund und Boden" (R S. 102/F S. 86) reden lassen. In seinen Augen kann es „boshaft funkeln" (R S. 105/F S. 88), wie Jakob auffällt. Der lebhafte und natürliche Mann (R S. 105/F S. 88) kümmert sich von Beginn an um Jakob, weist ihn ein, erklärt Arbeitsabläufe, zeigt ihm die in Frage kommenden Wohnungen. Abends geht er gerne mit den Kollegen oder Bekannten nach der Arbeit in einen Pub, wo die Alltagsereignisse mit Bier und Whiskey begossen werden; am ersten Abend wird Jakob reichlich betrunken in der geselligen Runde.

„Katzenartig boshaft"

Die „katzenartig boshaft(en)" (R S. 171/F S. 147) Bemerkungen Alistairs zu jedem Thema oder über jede Person erstrecken sich auch auf die Tagespolitik und die Nachrichten über Kriegsverbrechen im Irak. Mit dem Satz „Mein Gott, habe ich zu ihm [Bentham, S. J.] gesagt, wer glaubt schon, dass sie nicht foltern" (R S. 328/F S. 282) ist das Thema für ihn im Wesentlichen erledigt. Mit seiner indifferenten Einstellung findet er auch zu keinen eindeutigen Aussagen auf Nachfragen Isabelles hin („Das solltest du wissen“, R S. 329/F S. 283; „Kann schon sein“, ebd.). Auf R S. 329/F S. 283 wird sein Auftreten zweimal mit den Adjektiven „boshaft“ bzw. „kalt“ bewertet.

Mögliche Bisexualität

Alistairs mangelhafte Haltung in moralisch relevanten Fragestellungen, die ihm bei seiner Anwaltstätigkeit vielleicht zugutekommt, verdeutlicht sich besonders in der Offenheit, mit der er die verheiratete Isabelle umwirbt. Allerdings verwehrt sie sich auch nicht. Er macht keinen Hehl aus seinen rein sexuell motivierten Interessen an ihr (R S. 140, 173, 197, 269 f., 326–329/F S. 120, 149, 171, 233 f., 281–283), was sich wie erwähnt auch auf Jakob bezieht. Er küsst oder streichelt Isabelle vor Jakob und kalkuliert dessen Konfliktscheue ein, oder er lädt sie im Beisein Jakobs ein, mit ihm etwas trinken zu gehen (R S. 329/F S. 283).

Mae Warren

Verzweiflung und keine Aussichten

Mae ist eine attraktive junge Frau, die auf die schiefe Bahn der Drogenabhängigkeit und an die falschen Leute geraten ist. Dass sie sich auf eine gewisse Weise in den gut aussehenden Jim verliebt, ist ihr Verhängnis. Sensibel realisiert sie schnell die durch Hass und Aggression geprägte Persönlichkeitsstruktur Jims und reagiert darauf durch vermehrten Tabletten- und Drogenkonsum. Letzteres verschuldet auch Ben, der Mae attraktiv findet und glaubt, bei ihr punkten zu können, wenn er ihr hinter Jims Rücken Drogen zukommen lässt. Mae hat keine Kraft, sich Jim zu entziehen, entwickelt aber physische Abwehrreaktionen, wenn er sie sexuell bedrängt: Sie bekommt Hustenanfälle. Auf die bestürzenden Bilder von 9/11 reagiert sie auffallend hysterisch. Ihre Gedanken kreisen nur noch um Tod und Hass (R S. 34/F S. 30), sie weint viel und zeigt in manchen Gesten die unerfüllten Wünsche nach einem Kind und einem normalen Leben. Jims Gerede von einem besseren Leben auf dem Land greift diese Sehnsüchte auf. Erst nach Jims grauenvollem Angriff verlässt sie ihn schwer verletzt, wird von Hisham gefunden und später wohl auch von Isabelle zufällig gesehen (R S. 201 f./F S. 174).

Herr Schmidt

Aufmerksamer Obdachloser

Der Obdachlose, mitfühlend versorgt von Andras, ist ein Beleg dafür, dass es auch in Deutschland Armut gibt. Was dem Mann mit acht Geschwistern widerfahren ist, bleibt offen. Sein Auftreten verrät allerdings bessere Zeiten. Da sich Andras viel mit ihm unterhält, ist er wohl ein anregender, aufmerksamer Gesprächspartner. Sein verlegen vorgetragener Hinweis, dass Isabelle dem sensiblen Andras im Falle einer Heirat nur Unglück bringen werde, hinterlässt einen gewissen Eindruck bei Andras und natürlich auch bei der Leserschaft.

3.5 Sachliche und sprachliche Erläuterungen

Im Folgenden werden einige sprachliche bzw. inhaltliche Aspekte erläutert, die womöglich nicht allgemein geläufig sind, beispielsweise historische Aspekte. Im Roman fallen kursiv gedruckte Worte oder Passagen auf. Einiges ist selbsterklärend, einige Originalzitate aus Publikationen dagegen bedürfen eines Hinweises.

Seite	Begriff	Erläuterung
R S. 8/ F S. 7	**garden flat**	Kellerwohnung, Souterrainwohnung
R S. 7/ F S. 7	**Lady Margaret Road**	Straße im traditionsreichen Londoner Stadtteil Kentish Town, benannt nach Lady Margaret Beaufort, 1443–1509, Mutter von Heinrich VII., einflussreich und belesen
R S. 10/ F S. 9	**über das Parkett**	Übertragung des Terroranschlags vom 11. September 2001 bis hin zum Einsturz des World Trade Centers
R S. 13/ F S. 12	**Überall die Zeitungen**	„9/11" beherrschte am Folgetag in kaum vergleichbarem Ausmaß die Medien.
R S. 22/ F S. 19	***Schutzwürdig und damit redlich … korrekt verhalten haben.***	Auszug aus dem mehrere tausend Seiten umfassenden Kommentarteil zum Vermögensgesetz von Gerhard Fieberg und Harald Reichenbach; juristisches Standardwerk
R S. 24/ F S. 21	***Würgeengel, Diekmann***	Bekannte gastronomische Einrichtungen in Berlin. Der Name der Bar *Würgeengel* ist auch als Vorausdeutung zu begreifen, ähnlich wie *The World's End* (R S. 73/F S. 63).
R S. 26/ F S. 23	**„because it's been …"**	Lied mit dem Titel *Humming* von 1997 der Band Portishead, Anspielung auf das verpfuschte Leben der Drogenbande
R S. 30/ F S. 26	**Richmond, Kew**	Die Ausflugsziele außerhalb der Stadt sind symbolische Sehnsuchtsorte eines besseren Lebens.
R S. 39, 40/ F S. 34, 35	**Anglizismen, kursiv gedruckt**	Um die Jahrtausendwende waren Anglizismen enorm präsent im Sprachgebrauch, was kritisch diskutiert wurde mit Anti-Preisen wie dem „Sprachpanscher".
R S. 48/ F S. 41	**Astronaut Armstrong**	Neil Armstrong (1930–2012) betrat am 21. Juli 1969 als erster Mensch den Mond.

Seite	Begriff	Erläuterung
R S. 48/ F S. 41	**„deutscher Herbst"**	Höhepunkt der Terrorwelle der RAF im Jahr 1977
R S. 49/ F S. 42	**1956**	Gemeint ist der Aufstand gegen die sowjetische Fremdherrschaft in Ungarn, der für das freiheitliche Selbstverständnis Ungarns bedeutsam ist und eine große Auswanderungswelle nach sich zog.
R S. 52/ F S. 45	**Chaiselongue**	gepolsterte Liege mit Kopflehne
R S. 66/ F S. 57	***Füße runter …***	berühmt witzig-freche „Berliner Schnauze" im Alltag
R S. 71, 103/ F S. 61, 86	***posh***	schick, vornehm
R S. 108/ F S. 91	**John Soane**	berühmter Architekt, 1753–1837, Regency-Stil
R S. 109/ F S. 92	**Lucian Freud**	Bedeutender Porträtmaler, 1922–2011, emigrierte mit der Familie 1933 nach England.
R S. 109/ F S. 92	**als Kind nach England gekommen**	Zwischen Ende November 1938 und 1. September 1939 durften über 10.000 als „jüdisch" im Sinne der Nürnberger Gesetze geltende Kinder aus NS-Deutschland nach Großbritannien ausreisen (sog. „Kindertransporte").
R S. 110/ F S. 93	**Bushs Rede, „nichts, wie es war"**	Gemeint sind die rhetorisch ungemein wuchtige Rede an die Nation des US-Präsidenten George Bush nach dem Anschlag und die Schlagzeilen in deutschen Zeitungen.
R S. 116/ F S. 98	**lines**	Kokainpulver wird vor dem Schnupfen in feine Linien verteilt.
R S. 123/ F S. 104	**John Zorn**	US-amerikanischer Komponist (geb. 1953)
R S. 124/ F S. 105	**rote Mütze**	wohl eine Anspielung auf das Grimm-Märchen *Rotkäppchen*
R S. 129/ F S. 110	***brace, brace!***	engl., „sich bereithalten"
R S. 133, 136/ F S. 114, 116	**ein Bucklicht Männlein**	Titel eines Kinderlieds aus der romantischen Volksliedsammlung *Des Knaben Wunderhorn* (1805–08) von Achim von Arnim und Clemens Brentano

3.5 Sachliche und sprachliche Erläuterungen

Seite	Begriff	Erläuterung
R S. 137 f./ F S. 117 f.	*Evening Standard, Our intelligence officials ...*	*Evening Standard*, eine britische Tageszeitung. Unter den längeren, kursiv gedruckten Zitaten ist besonders ein wörtlicher Auszug einer Rede des US-Präsidenten zur Lage der Nation im Januar 2003 zu nennen. Die Vermutung von Massenvernichtungswaffen im Irak sollte den Krieg gegen den Irak legitimieren; in der damaligen amerikanisch-britischen Strategie wurde Zögern als Fehler mit womöglich schweren Folgen begriffen.
R S. 139/ F S. 119	*Alert! ...*	Die Angst vor weiteren islamistischen Terror- und Racheakten war zu dieser Zeit gerade in den Metropolen omnipräsent.
R S. 147/ F S. 126	**Als er sich zwei Tage später ... für ihn aufgehoben hast.**	Jims Reflexion über die Voraussetzungen dafür, ein Mensch und kein „gehetztes Kaninchen“ zu sein, ist vielleicht eine Anspielung auf Georg Büchners Stück *Woyzeck* (1836).
R S. 163/ F S. 140	*Guardian*	britische Tageszeitung, hier mit einem Aufruf vor Ausbruch des Irak-Krieges aus Angst vor Versorgungsproblemen
R S. 163/ F S. 140	*tube*	umgangssprachliche Bezeichnung für London Underground, die U-Bahn („Röhre“)
R S. 170/ F S. 146	**Engel der Geschichte**	Anspielung auf die IX. These in *Über den Begriff der Geschichte* (1940) des Philosophen Walter Benjamin, der ein Gemälde von Paul Klee (*Angelus Novus*) aufgreift. Der „Engel der Geschichte“ sieht das Leid der Vergangenheit und ist zugleich dem Sturm des Fortschritts ausgesetzt.
R S. 171/ F S. 147	*one of your lot*	„einer von euren Leuten“, also den Deutschen
R S. 172/ F S. 148	**den Blitz**	Mit „The Blitz“ werden in England die deutschen Luftangriffe auf die Insel und speziell auf London vom 7. September 1940 bis 16. Mai 1941 bezeichnet, bei denen über 43.000 Zivilisten getötet und eine Million Häuser beschädigt oder zerstört wurden.
R S. 175/ F S. 151	**„embedded journalism“**	Im Irak-Krieg 2003 wurden Journalisten einer Kampfeinheit zugewiesen und erstatteten kontrollierte Berichte.
R S. 177/ F S. 152	**St. Patrick’s Day**	Feiertag zu Ehren des irischen Bischofs Patrick am 17. März, großes Volksfest mit viel grüner Farbe

Seite	Begriff	Erläuterung
R S. 183/ F S. 158	**einen Tag später dann, es war Frühlingsanfang, doch Boden-truppen**	Der Einmarsch amerikanischer sowie britischer Truppen in den Irak begann am 19./20. März 2003.
R S. 189/ F S. 163	**Basra, Nassaryia, *„pocket [of, S. J.] resistance“***	Städte im Irak. Der Widerstand gegen die überlegenen US-Streitkräfte erfolgte mit zunehmender Kontrolle im Irak nur noch punktuell, in Form von Widerstandsnestern.
R S. 194/ F S. 167 f.	***And my poor fool …***	Zitate aus dem letzten Akt des *King Lear* von Shakespeare. In einem der blutigsten und grausamsten seiner Dramen sagt der wahnsinnige König Lear die mehrdeutigen Worte; seine liebste Tochter ist gerade Opfer einer Intrige geworden und er selbst stirbt mit gebrochenem Herzen.
R S. 207 f./ F S. 179	**Friedländer, *Das Dritte Reich und die Juden***	Saul Friedländer, geb. 1932, israelischer Historiker. Katharina Hacker lernte ihn in Israel kennen. Der erste Band erschien 1998, der zweite 2006.
R S. 212/ F S. 183	***Sunset Boulevard***	Legendärer, düsterer Film von Billy Wilder aus dem Jahr 1950. Es wird erzählt, warum eine ehemals bekannte Stummfilm-Diva in ihrem Wahnsinn einen Drehbuchautor erschießt.
R S. 215 f./ F S. 186	***The Hours, Jacob's Room***	*The Hours*, Hollywood-Film aus dem Jahr 2002, eine Verfilmung eines Romans von Michael Cunningham, der wiederum auf den Roman *Mrs. Dalloway* (1925) von Virginia Woolf verweist. *Jacob's Room* (1922) ist ebenfalls ein Roman von Virginia Woolf. Beiden Romanen ist eine literaturhistorisch neue Erzählweise eigen, die mit dem kontinuierlichen Erzählen bricht und psychologisch intensive Einblicke in die Protagonisten durch eine geschickte Kombination aus erlebter Rede, Bewusstseinsstrom, innerem Monolog und direkter Rede schafft. *Jacob's Room* behandelt eine gewisse Leere im Leben, spielt im Milieu des gehobenen Mittelstands und stellt allein durch den Titel intertextuelle Bezüge zu *Die Habenichtse* her, wie noch zu zeigen sein wird.
R S. 217/ F S. 187	***Stechlin***	*Der Stechlin*, 1898, letzter Roman von Theodor Fontane, vor allem über Gespräche wird ein Gesellschaftsbild entworfen.

3.5 Sachliche und sprachliche Erläuterungen

Seite	Begriff	Erläuterung
R S. 225, 228, 231/ F S. 194, 197, 199	**Mails, kursiv gedruckt**	Durch den Kursivdruck werden die fiktiven Mails in die Nähe authentischer, historischer Dokumente gerückt, was zur Gesellschaftskritik des Romans beiträgt und sie zumindest inhaltlich hervorhebt, ähnlich auch S. 284.
R S. 233/ F S. 201	**Bush auf seinem Kriegsschiff**	Rede von US-Präsident George W. Bush auf dem Flugzeugträger *Abraham Lincoln*, 1. Mai 2003, in der er das Ende der großen Kampfhandlungen im Irak verkündet (Mission Accomplished speech).
R S. 263/ F S. 227	***Wenn die Gondeln Trauer tragen***	Bekannter Horrorfilm aus dem Jahr 1973 von Nicolas Roeg und mit Bezügen zu einer Erzählung von Daphne du Maurier. Im Film verliert ein Ehepaar seine kleine Tochter und der Mann wird in Venedig ermordet.
R S. 289/ F S. 250	**die andere hältst du hin?**	vgl. Matthäus 5,39
R S. 326/ F S. 281	**And our little life is rounded with a sleep.**	Zitat aus Shakespeares Stück *Der Sturm* (4. Akt, 1. Szene), das beginnt mit „We are such stuff as dreams are made on, …“.
R S. 328/ F S. 282	**„unlawful killings“**	Unbeabsichtigte Tötung von Zivilisten während der Kampfhandlungen. Das erwähnte Opfer im Irak, ein achtjähriges Mädchen, deutet auch auf Sara hin.
R S. 340/ F S. 293	**zwei Scones**	Britisches Gebäck, das zur Tea Time gereicht wird.
R S. 347/ F S. 299	**Daumenkino**	Ein Abblätterbuch, bei dem die Abfolge an Einzelbildern den Eindruck von filmähnlichen Bewegungen erzeugt.
R S. 353/ F S. 304	**Aber was soll ich tun …**	Die Frage „Was soll ich tun?“ ist neben „Was kann ich wissen?“, „Was darf ich hoffen?“ und „Was ist der Mensch?“ eine der vier Grundfragen der Philosophie Immanuel Kants, die im Rahmen seiner Moralphilosophie zum Kategorischen Imperativ führt.

3.6 Stil und Sprache

Zusammenfassung

- Der Roman bedient sich einer fein ausdifferenzierten Sprachgestaltung, die die unterschiedlichen Milieus abbildet und den verschiedenen Charakteren authentische Stimmen verleiht. Es findet sich der vulgäre Wortschatz der Unterschicht, die Sprache von Kindern oder die akademisch geprägte Wortwahl.
- Erzähltechnisch wird die Leserschaft nah an die einzelnen Protagonisten herangeführt, was durch die Mischung aus auktorialer und besonders personaler Erzählsituation und viel Innenperspektive ermöglicht wird. Erlebte Rede und Bewusstseinsstrom tragen dazu bei.
- Wiederkehrende Motivelemente verdichten die Eindrücke.

Zur Erzählgestaltung

Momentaufnahmen in der erzählten Zeit

Die 39 Kapitel des Romans haben eine **durchschnittliche Länge** von nicht ganz **acht Seiten**. Damit ergeben sich Momentaufnahmen in der erzählten Zeit, die sich im Wesentlichen den Jahren von 2001–2003 zuwendet. Die erzählerische **Multiperspektivität** geht einher mit einer weitgehend personalen Erzählsituation, die es gestattet, den Blickwinkel der einzelnen Protagonisten einzunehmen. Formal betrachtet ist es eine Er-/Sie-Erzählung. Gelegentlich finden sich Passagen in der auktorialen Erzählsituation, wie z. B. das 3. Kapitel mit dem Rückblick auf die Biografie Jakobs und den eher zurückhaltenden Wertungen. Durch die Mischung aus auktorialer und personaler Erzählsituation ist man sehr nah am Geschehen.

Außenperspektive

Der Roman mischt Außen- und Innenperspektive in der intensiven Beschreibung von Eindrücken, Anblicken und besonders der Gedankenwelt. Ein Beispiel für die Außenperspektive wäre: „Der Garten war übersät von Müll, altem Spielzeug, auf der Terrasse standen Bierflaschen und Küchengerät, eine Pfanne, einen

Putzeimer entdeckte sie." (R S. 263/F S. 227) Ein **Bild der Verwahrlosung** im sogenannten Garten der Familie Saras.

Innenperspektive am Beispiel Jims

Für die Darstellung der Innenperspektive, also der Gedanken der Protagonisten, kommen die Möglichkeiten der Figurenrede des modernen Romans zur Geltung, besonders die **erlebte Rede** und der Bewusstseinsstrom, was bei Jim anschaulich ist (beispielsweise R S. 28, 84 oder 281/F S. 24, 72 oder 243: „wahrscheinlich betete er schon zu Allah, dass er Jim retten möge, da der verfickte Christengott sich um anderes zu kümmern hatte ..."). Da sich der Erzählerbericht bei Jim übergangslos mit der Figurenrede abwechselt, kommt neben der Intensität für die Leserschaft auch der geistige Charakterzug Jims zum Ausdruck, seine Sprunghaftigkeit, das Assoziative, die durch Gewalt und Drogenkonsum wahllos erfolgenden Gedankensprünge. In der Figurenrede werden alle Register gezogen. Die **direkte Rede** wird **durch Spiegel- bzw. Gedankenstriche** ohne weitere Kennzeichnung der regelhaften Interpunktion wie Anführungszeichen eingeleitet; ein Mittel, das z. B. von William Gaddis genutzt wird (er ist für Katharina Hacker ein literarischer Bezug). Daneben findet sich vereinzelt indirekte Rede (R S. 150/F S. 129 z. B.).[14]

Abrupte Perspektivwechsel

Im Stile von Gaddis kommen auch abrupte Perspektivwechsel in der Erzählsituation vor, so im Wechsel der Sicht auf Ereignisse durch Isabelle (R S. 127/F S. 108 unten) direkt hin zu Andras (R S. 128/F S. 109 oben).

Erzählzeit und erzählte Zeit

Die im Wesentlichen erzählte Zeit zwischen 2001 und 2003, mit Rückblicken auf die Jahre davor wie im 3. Kapitel, führen im Verhältnis von Erzählzeit und erzählter Zeit zur Anwendung der drei möglichen Formen. Zeitraffendes Erzählen findet sich im bereits erwähnten 3. Kapitel, zeitdeckendes Erzählen kommt naturgemäß in Dialogen vor (31. Kapitel, Gespräch mit Bent-

---

14 Schon in der Novelle *Michael Kohlhaas* (1810) wird die wörtliche Rede nur mit Gedankenstrichen markiert; mit der wichtigen Ausnahme der sozusagen regelhaften Kennzeichnung der wörtlichen Rede bei außerordentlich bedeutsamen Äußerungen. Kleist ist für einen der bedeutendsten Romanciers im 20. Jahrhundert, E. L. Doctorow, das große Vorbild.

ham) und zeitdehnendes Erzählen in besonders eindrucksvollen Vorgängen, wie z. B. bei der Beschreibung des Regens auf der Fensterscheibe (13. Kapitel) oder der dramatischen Situation, als sich Sara in ihrer Fantasiewelt in einen Kampf gegen den bösen Drachen hineinsteigert und schließlich Polly verletzt (28. Kapitel, R ab S. 256/F ab S. 222). Es bestätigt sich eine **„Goldene Regel" des Erzählens**: Das Erzähltempo verlangsamt sich in bedeutungsvollen Momenten.

Zur Sprache

Nach Milieu differenzierte Sprache

Es werden von der Autorin behutsam mehrere Sprachschichten angeboten, die den vertretenen sozialen Milieus entsprechen bzw. **typische Soziolekte** aufgreifen, sodass ein hohes Maß an Authentizität und Unmittelbarkeit geschaffen wird. Im Unterschichts- und Arbeitermilieu der kleinen Sara wird eben anders gesprochen als in der Kanzlei Benthams.

Saras Sprache

Im 8. Kapitel geht es primär um den tristen Alltag der vernachlässigten kleinen Sara. Aus ihrer Perspektive erfährt man die wesentlichen Alltagsereignisse. Der umgangssprachliche, eher einfache Stil greift auch die syntaktischen Elemente der Kindersprache auf. Die Sätze in diesem Kapitel scheinen immer weiterzugehen, als würde ein Kind nicht aufhören können, von seinen Erlebnissen zu berichten. Die Hektik und das Geschrei sind oft in **Parataxen** formuliert („Er hob sie hoch und ließ sie aufs Klo fallen, und sie konnte es nicht zurückhalten ...", R S. 60/F S. 52). Es gibt auch hypotaktische Sätze (R S. 59/F S. 51); insgesamt ist der Sprachduktus eines Kindes eingefangen, was beispielsweise Ein-Wort-Sätze verdeutlichen (R S. 61/F S. 53) und ein nur wenig ausgeschmückter Satzbau. Im 13. Kapitel wiederum ist es anders. Hier setzt sich der Erzähler mit dem tristen, symbolisch zu begreifenden Regenwetter auseinander, um Saras einsame Traurigkeit und Langeweile zu vermitteln. Die vom Wortschatz her deutlich anspruchsvolleren Sätze häufen viele Adjektive an (R S. 86/F S. 73) und schaffen eine dichte **Atmosphäre von de-**

pressiver Einsamkeit, ohne dass der Erzähler sich aufdringlich wertend bemerkbar macht.

Jims Sprache: aggressiv und vulgär

Zu diesem Milieu passen das permanente Geschrei der Eltern, der rüde Ton oder der vulgäre Umgang miteinander, der sich lexisch bemerkbar macht („dann pinkele eben, solange dein Vater sich rasiert", R S. 60/F S. 52). Ähnlich die sprachliche Repräsentation Jims. Er ist aggressiv und herablassend („Penner", „eine ekelhafte Bande", „Das fette Schwein", R S. 84/F S. 72); **Parallelismen** im Satzbau und Wiederholungen („Er hatte […] satt", viermal, ebd.) tauchen auf, Ellipsen (R S. 150/F S. 129: „[…] vermehren sich wie die Karnickel […]") gehören ohnehin zum Repertoire der Umgangssprache. Und natürlich finden sich jede Menge **vulgäre Formulierungen** („Gestank nach Pisse", R S. 112/F S. 95; „Verpiss dich", R S. 290/F S. 251; „idiotisches Ding", R S. 337/F S. 291; „diese ganze beschissene Stadt", R S. 338/F S. 292). Ein besonderes Kennzeichen aller Passagen des Romans, in denen Jim vorkommt, sind die permanenten Gedankensprünge und abrupten Themenwechsel, die sich syntaktisch in den teils langgezogenen Sätzen mit Parenthesen zeigen:

> „Er mochte Amseln, und Mae hatte sie gemocht, sie hatten darüber gesprochen, von einem Haus und einem Garten, weil es solche Gedanken gab, und Hügel und Heckenrosen auch." (R S. 82/F S. 70)

Sätze wie diese dienen der Vermittlung eines Charakters, der zu geordneten Überlegungen nicht mehr in der Lage ist, eher **assoziativ** denkt und **von Stimmungen getrieben** wird. Längere Aufzählungen ohne Adjektive, die den geringen Besitz und das anspruchslose Ambiente umschreiben, runden das Bild seines Milieus ab: „Er wusch das Geschirr, räumte Bier in den Kühlschrank, Toastbrot und Käse, Eier, ein Paket mit Schinken." (R S. 120/F S. 102) Ähnlich ist es bei Sara, wenn es um die Beschreibung ihrer wenigen Spielsachen geht.

Die Sprache der Mittelstandseliten

Das Milieu der gebildeten Mittelstandselite, zu der Jakob oder Bentham zu zählen sind, wird sprachlich anders dargestellt. Die inhaltlichen Sprünge, mit denen Jims unsteter, aggressiver Charakter einhergeht, finden sich nicht. Der Sprachgebrauch in dieser Schicht ist entsprechend frei von den vulgären Ausfällen, mit denen Jim seine Umwelt überhäuft. Stilistisch fallen beispielsweise auch Auszüge aus der juristischen Fachliteratur auf, die Jakob faszinieren (vgl. 3. Kapitel). In den Gesprächen mit Bentham werden rechtsphilosophische Überlegungen angestellt; mitunter haben sie den **Charakter von Aphorismen oder Sentenzen**: „Besitz, hatte Bentham gesagt, ist ein Modus des Verlustes, wir tun nur so, als verliehe er uns Stabilität und Dauer." (R S. 251/F S. 217) Oder Jakob zu Hans: „In gewisser Weise (...) ist der Tod ein Wechsel der Besitzverhältnisse." (R S. 58/F S. 50) Die Gedankenführung ist ungleich klarer, der Satzbau eine vielseitige **Mischung aus Parataxen und hypotaktischen Gefügen**, ohne Tendenz zur Wucherung (vgl. 31. Kapitel). Die Akkumulationen, die den Besitz Jakobs wiedergeben, sind vergleichsweise lang und liefern zudem mit der Nennung von Biedermeier-Möbeln ein ironisches Detail. An Jakob ist nichts biedermeierlich außer der Tatsache, dass er wie der Mensch in der Biedermeier-Epoche die Politik meidet und versucht, sich ins private Glück zurückzuziehen.

Motive und Symbole

Leitmotiv „Alles wird anders"

Der Roman lebt von Motiven, die im Romanverlauf ihre Wiederkehr feiern. Die Formulierung **„Nichts ist, wie es mal war"** steht in der Reihe weit vorne und lädt geradezu zur Auseinandersetzung ein, in deren Verlauf ein Unterschied zwischen der Politik und dem Leben vom Jedermann erkennbar wird. Sie wird im Roman sprachlich variiert und in unterschiedliche persönliche Zusammenhänge gestellt; es ist ein Leitmotiv.

- Die drei Worte am Anfang des Romans „Alles wird anders" (R S. 7/F S. 7) illustrieren die Sehnsucht von **Dave** und natürlich auch **Sara**, mit dem Einzug in der Lady Margaret Road möge eine bessere Alltagswirklichkeit einhergehen. Was sie meinen, wird ja schnell deutlich: Die Eltern sind wiederholt arbeitslos, als Eltern eine Katastrophe und der Alltag eine üble Mischung aus Streit, Alkohol und Kindesmisshandlungen.

- Auf R S. 27/F S. 23 ist **Jim** genervt von Maes unreflektierter Wiederholung der Medienschlagzeile mit einer etwas hyperbolischen Steigerung, „dass es nie mehr sein würde wie bisher, die ganze Welt, das Leben", wodurch ihre Perspektivlosigkeit eine Stimme bekommt.
- Auf R S. 42 f./F S. 37 bekommen die Worte in den Augen von **Andras** schließlich ebenfalls eine neue Erfahrungsebene, da durch die vorangegangene schwere Erkrankung und den Tod der Agenturchefin ökonomische Unwägbarkeiten entstanden sind und diese Schlagzeile für die Umbrüche der Arbeitnehmer steht, denen die Probleme von Staatsoberhäuptern nichts sagen, die der ungewissen Firmenzukunft dagegen viel.
- **Jakob** schafft es auf R S. 110/F S. 93, nach dem 11. September die Entstehung eines ängstlichen und aggressiven Gejammers festzustellen, wobei seiner Meinung nach sich lediglich für die Eltern seines durch 9/11 verstorbenen Kollegen Robert sowie „für ihn selbst" alles geändert habe, da er Isabelle getroffen habe und nach London ziehen werde.
- Auf der R S. 225/F S. 194 reflektiert **Andras** all die Umbrüche im Zuge der Zeit, nicht zuletzt Isabelles neue Beziehung mit Jakob, die für Andras ernüchternd sein muss, aber auch den Stillstand, der manche Ecken Berlins gefangen zu halten scheint.
- Auf R S. 332/F S. 287 telefoniert **Isabelle** mit Andras und erfährt die neuesten Entwicklungen: Andras lehnt es ab, zu ihr nach London zu kommen, die Agentur ist umgezogen, Peter und seine neue Partnerin erwarten ein Kind (und wer-

den wohl heiraten), Andras entscheidet sich, mit Magda zu leben und zu ihr zu ziehen. Mit dem Satz „Es wird nichts mehr so sein, wie es war" legen beide – möglicherweise als Veränderung ihrer Freundschaft zu sehen – den Hörer auf.

- Am Romanende auf R S. 358/F S. 308 kommt **Jakob** nach der entsetzlichen Nacht voller Gewalt zu Isabelle zurück und nimmt seine Frau, die „sich nicht an ihn" schmiegt, in seine Arme und sagt: „Es wird anders jetzt" (R S. 358/F S. 308) sowie zweimal „Es wird wieder gut" (R S. 358/F S. 309).

Damit wird der prophetische Satz, den der damalige US-Präsident und die Medien nach dem Terroranschlag äußerten, in den drei Handlungssträngen variiert und von den wichtigsten Protagonisten gewissermaßen von der großen weltpolitischen Bühne in ihr persönliches Umfeld geholt. Es ist ein sprachliches Leitmotiv, das von der politischen Phrase zur individuellen Bestandsaufnahme wird.

Lebensmotto „New concept – new life"

Ähnlich, aber in einem kleineren Ausmaß ist der Werbeslogan „New concept – new life" zu verstehen. Für Isabelle steht er in ihrer Anfangszeit in der Berliner Agentur auch für eine **Beschreibung ihres beruflichen und privaten Umbruchs**, der sie in die Hauptstadt und zum Beginn ihrer Arbeit mit Peter, Andras und der alsbald erkrankten Agenturchefin führt und zur Wohngemeinschaft mit Alexa (R S. 39/F S. 34). Auf R S. 335/F S. 289 macht sich Andras nach dem Ende des Telefonats mit Isabelle Zukunftsgedanken. Er beabsichtigt, Isabelle nach Berlin ins neue Büro einzuladen, in dem auch die Kartons mit Isabelles Sachen stehen, und stellt sich vor, der Slogan „New concept – new life" könne auch für sie als sprachliches Symbol für einen **Neubeginn** dienen, so wie es für ihn der Fall ist. Damit verklammert der Werbespruch das 5. und 35. Kapitel und schafft fast so etwas wie einen kleinen Erzählrahmen bzw. eine Vorausdeutung. In Isabelles Fall ist es nicht unbedingt eine günstige.

3.6 Stil und Sprache

Motive und Symbole

Einige Motivgruppen und Symbole sind zu nennen. Das insgesamt eher negativ besetzte Motiv der **Großstadt** mit ihrer Enge, dem Lärm, Dreck und der Gewalt steht im Kontrast zum idyllischen Land oder zu Parks (Genaueres dazu in Kap. 3.7 dieser Erläuterung). Insbesondere Jim verbindet mit einer kitschigen Traumvorstellung vom Häuschen auf dem Land in einer besseren Zukunft ein unrealistisches Fluchtvorhaben aus seinem verpfuschten Leben. Neben den Raummotiven Stadt, Land und Garten gibt es Zeitmotive. Das **Wetter und Jahreszeiten** beispielsweise illustrieren Entwicklungen und Stimmungen. Als Jakob und Isabelle heiraten, ist es laut Ginka „der schönste Sommer seit Langem" (R S. 94/F S. 79), aber die Bäume verlieren bereits ihre Blätter, und in der kommenden verregneten Herbst- und Winterzeit stehen Regen und Kälte für die emotionale Abkühlung zwischen dem Paar sowie für den gesellschaftlichen Zustand und eine Mentalität, die mit dem Titel am prägnantesten angedeutet wird. Saras Kindheit beispielsweise ist mit dem schlechten Regenwetter im 13. Kapitel, das für die Tränen des bedauernswerten Kindes steht, symbolisch eingefangen. Ein anderes Zeitmotiv, in dem Fall eine Andeutung auf Vergänglichkeit, sind die vereinzelt erwähnten eingegangenen **Blumen** wie z. B. im 2. Kapitel, als drei vertrocknete Rosen am Tag von 9/11 beschrieben werden und wie das Licht auf sie fällt (R S. 11/F S. 11). Da sich Isabelle und Jakob hier nach zehn Jahren wieder treffen, ist es eine Vorausdeutung der Ehe nach der Devise „Rosen ja, Dauer nein".

Katzen und „little cat"

Tiere und Wildtiere haben ebenfalls eine metaphorische Funktion in Hackers Roman. Jakob ist fasziniert von einem **weißen Fuchs**, der sich in der Umgebung der Lady Margaret Road herumtreibt (R S. 252, 303/F S. 218, 262). Katzen werden immer wieder erwähnt, oft genug sind sie die Opfer von Gewalt und bluten (R S. 119/F S. 101); Sara wird von Dave „little cat" genannt und damit in die Verbindung zu den Katzen gebracht, die herzlosen Menschen zum Opfer fallen. In Berlin gibt es Wildschweine, die in die bewohnten Viertel vordringen. Der damit infrage gestellte Gegensatz von Zivilisation und Natur greift den Kontrast zwischen Stadt und ländlicher Idylle auf, könnte aber auch ein Hinweis auf das Animalische im Menschen sein.

Die Farbe Rot

Ebenso kommt im Roman eine dezente **Farbsymbolik** zum Tragen. Symbolgeschichtlich steht das ambivalente Symbol der Farbe Rot u. a. für Blut und Gewalt, woran im Roman kein Mangel herrscht.[15] Die kirschroten Stiefel, die sich Isabelle gönnt, aber zunächst nicht trägt (R S. 193/F S. 167), korrespondieren mit dem Rot der Illustrationen, die sie für ein Kinderbuch anfertigt und die zugleich für den Beginn einer letztlich fruchtlosen Beschäftigung mit dem Schicksal Saras stehen, das sich aus verbaler und körperlicher Gewalt zusammensetzt. Damit werden beide in eine Beziehung gesetzt, denn ein früheres und beherzteres Handeln Isabelles hätte Sara (die übrigens wie Rotkäppchen eine rote Mütze trägt, R S. 124/F S. 105) Monate der Kindesmisshandlung erspart. Als „flammendrot, hässlich" (R S. 201/F S. 174) wird die Gesichtsnarbe der Frau beschrieben, der Isabelle in London begegnet und bei der es sich möglicherweise um Mae handelt. Ergänzend kann Isabelles und Jakobs frequentierter Rotweinkonsum in Betracht gezogen werden, was auch Jakob über die Farbsymbolik mit in die Verbindung zu Sara aufnimmt und vor dem Hintergrund seines Ignorierens der Vorgänge im Nachbarhaus nur folgerichtig ist. Dass die Farbe Rot auch intertextuell bzw. intermedial relevant ist (das kleine verstorbene Mädchen im Film *Wenn die Gondeln Trauer tragen*), rundet das Bild ab. Ein interessantes Detail ist die **Veränderung von Farbwahrnehmungen**. Als Isabelle Sara zur Rede stellt, was sie mit der Katze Polly angestellt hat, sind Saras Augen plötzlich grau (R S. 266/F S. 230); eine Farbe, die per se unrein ist, bei Jim erwähnt wird und für den Schmutz Londons oder die verwahrloste Kleidung steht.

---

15 Becker, *Lexikon der Symbole*, S. 244 f.

Türen als Symbol

Türen stehen in der Literatur üblicherweise für einen Übergang oder für ein Hindernis. Im Roman stehen sie symbolisch für Saras Isolation und Weggesperrtsein durch die Eltern (vgl. 8. Kapitel). Für Jakob ist die **geschlossene Bürotür** eine dezente und ihn peinigende Zurechtweisung, als er sich Isabelles bei ihrem Überraschungsbesuch im Büro für eine Weile annimmt und beim Zurückkommen in die Kanzlei vor Benthams verschlossener Tür steht (R S. 207/F S. 178). Bei der Ankunft Isabelles in London hat Jakob Probleme, das **Türschloss** zu finden (R S. 132/F S. 113), was für ihre gemeinsame Zeit nicht nur in London als ungünstige Vorausdeutung begriffen werden kann, und am Ende des Romans stehen beide vor der **geschlossenen Tür** ihrer Wohnung in der Lady Margaret Road (R S. 359/F S. 309), was buchstäblich die Perspektivlosigkeit ihrer Beziehung, wenn nicht gar ihr Ende andeutet.

Flugzeuge als Symbol

Flugzeuge werden im Roman natürlich unmittelbar mit dem Anschlag von 9/11, bei dem Flugzeuge als Waffen eingesetzt wurden, in Verbindung gebracht und stehen damit von Beginn an eher in einem negativen Kontext. Als Isabelle in London ankommt (vgl. 19. Kapitel), erlebt sie eine **Beinahe-Bruchlandung** und alle Passagiere müssen über die Notrutsche evakuiert werden. Das ist ein in seiner Symbolik kaum zu übersehendes schlechtes Omen, sodass dieses Beinahe-Desaster sinnbildlich für Isabelles Zeit in London stehen kann; besonders, wenn man sich vor Augen hält, was Jim ihr gegen Romanende hin alles hätte antun können. Interessant ist die Parallele zum Flügel ihrer Mutter, der in Isabelles Kindheit während eines Unfalls fast auf sie stürzt und sie ums Haar erschlagen hätte (R S. 51/F S. 44). Überdies stehen Flugzeuge natürlich für den globalisiert lebenden und arbeitenden Menschen schlechthin sowie für Reisen, Ankünfte und Abschiede. Jakob steigt gehäuft ins Flugzeug, um zwischen Berlin und London seinen Aufgaben nachzugehen.

Motiv Wahnsinn

Über das Drama ***King Lear*** wird intertextuell das Motiv des Wahnsinns eingeführt, das bei Shakespeare eine Funktion hat, die ähnlich der des Romans sein dürfte. Gewalt und Wahnsinn verschränken sich im Drama, und Wahnsinn dürfte auch als wertende Deutung für all die Gewalt im Roman begriffen werden. Der Begriff des Wahnsinns sollte aber nicht eng im Sinn der geistigen Unzurechnungsfähigkeit ausgelegt werden, die jede planerische Überlegung unmöglich macht. Wahnsinn ist eher die maßlose Ausübung oder Anwendung, in diesem Fall von Gewalt. Damit wird 9/11 gewissermaßen zur Wahnsinnstat erklärt, aber auch die politische Antwort in Form mehrerer Angriffskriege unter US-Führung. Und folglich auch das, was der Vater von Sara seiner Tochter antut.

Zufall oder Vorhersehung?

Als letztes bedeutendes Motiv im Roman seien Zufall bzw. **Kontingenz** genannt. Jakob und Isabelle begegnen sich bei der Party in Berlin wieder, weil Jakob ihren Namen zufällig zuvor in einer Bar gehört hat. Das führt dazu, dass Jakob seinen New York-Aufenthalt so gestaltet, dass er rechtzeitig für diese Party zurück in Berlin ist, weshalb in der Folge er dem Anschlag entgeht, dafür sein Kollege ums Leben kommt und Jakob dessen Stelle in London erhält. Zufällig ist aber auch Jim just dann zur Stelle, als Isabelle die Katze rüde vom Fenster schubst. Und natürlich hätte es stets anders sein können, mit dann gänzlich anderen Entwicklungen im Leben der jeweiligen Personen. In philosophischer Hinsicht werfen Zufall und Kontingenzerfahrung Fragen auf, die von der Antike bis hin zum Existenzialismus reichen und einen fragen lassen, was eigentlich unser Leben bestimmt: **bedeutungsloser Zufall oder Schicksal/Bestimmung?** Es ist nicht nur eine der Fragen der (Post-)Moderne, aber eine bestimmende in einer Zeit, in der viele nach einem Sinn suchen.

3.7 Interpretationsansätze

Zusammenfassung

Der komplex konstruierte Roman kann über die Deutungsebenen Titel, Gewalt, Stadt, Gegenwart bzw. Gegenwartsgesellschaft und Intertextualität begriffen werden. Dabei wird insgesamt kritisiert, dass der Gesellschaft Empathie und Handlungsbereitschaft abhandengekommen sind.

Mehrere Deutungen bieten sich an

Die Habenichtse haben die Literaturwissenschaft und die Feuilletons vergleichsweise mehr beschäftigt als die anderen Werke Katharina Hackers, wozu der renommierte Deutsche Buchpreis erheblich beigetragen hat. Die Summe der Studien, Kritiken und Abhandlungen zum Roman ist keineswegs gering. Bereits die ersten Rezensionen im Erscheinungsjahr erkennen im Roman die gesellschaftskritische Intention. Die Inhaltszusammenfassung und die Personencharakterisierung dieser Erläuterung haben hoffentlich zeigen können, dass es tatsächlich der lohnendste Zugriff auf diesen Text ist, ihn als **Spiegelbild der westlichen globalisierten Industriegesellschaft** zu nutzen, um nach und nach deren Merkmale und Probleme herauszuschälen. Es bieten sich die folgenden Deutungsebenen an:

Der Titel

Kompositum

Gut situierte Protagonisten – oder?

Das eher selten verwendete Substantiv (Maskulinum) „Habenichts“ ist ein Kompositum des Substantivs „Nichts“ und des Verbs „haben“. Es bezeichnet in umgangssprachlich-abwertender Manier jemanden, der nichts besitzt, arm ist. In der Synonymengruppe finden sich Worte wie Hungerleider, armer Schlucker, Bettler.[16]

---

16 Vgl. „Habenichts“, bereitgestellt durch das Digitale Wörterbuch der deutschen Sprache, https://www.dwds.de/wb/Habenichts.

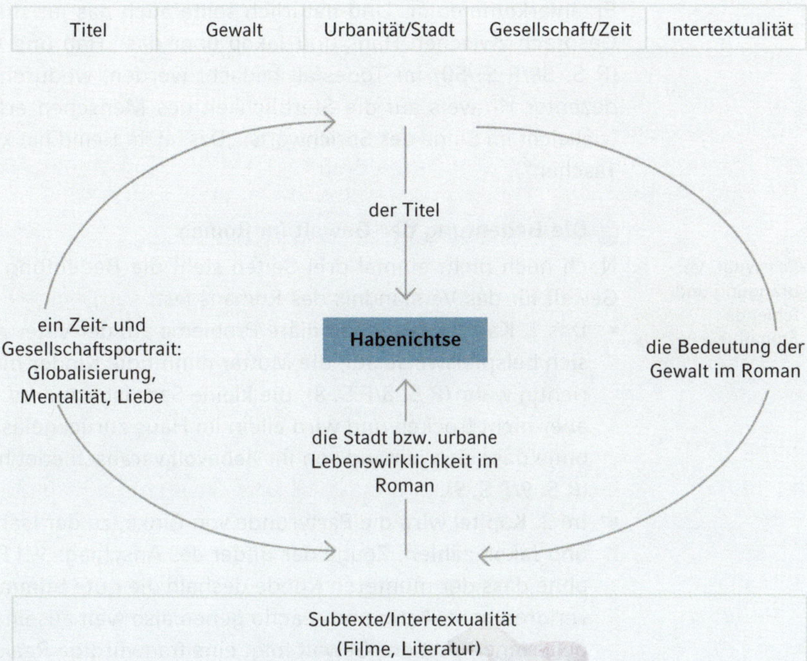

Man wird schnell feststellen, dass der Titel des Romans weniger in finanziell-materieller Hinsicht zu begreifen ist. Selbst die durch wiederholte Arbeitslosigkeit geplagte Familie von Dave und Sara oder Jim sind nicht so mittellos, wie es das Wort meint; auch der Obdachlose Herr Schmidt ist es nicht im engen Sinne des Wortes, ohne dass ich zynisch klingen will. Der Titel dürfte sich auf den **immateriellen Besitz von Wert- und Moralvorstellungen und Orientierungen im Leben** beziehen, als da wären Hilfsbereitschaft, Nächstenliebe, Lebensziele oder auch Freundschaft, Liebe und Beziehungsglück. Es ist wie ein erweiterter Erzählerkommentar. Und natürlich sollte auch das juristische Gespräch zwischen Hans und Jakob über das „Hab und Gut" (R S. 58/F S. 50) im Todesfall bedacht werden, wodurch ein dezenter Hinweis auf die Sterblichkeit des Menschen erfolgt (vielleicht im Sinne des Sprichworts: „Das letzte Hemd hat keine Taschen").

Die Bedeutung der Gewalt im Roman

Passivität, Verdrängung und fehlende Empathie

Nach noch nicht einmal drei Seiten steht die Bedeutung von Gewalt für das Verständnis des Romans fest:

- Das 1. Kapitel deutet familiäre Probleme an; der Vater regt sich beispielsweise auf, die Mutter nimmt die Kinder nicht richtig wahr (R S. 8/F S. 8), die kleine Sara ist schulreif, aber nicht trocken und wird allein im Haus zurückgelassen, ohne dass sich jemand von ihr liebevoll verabschiedet hätte (R S. 9/F S. 9).
- Im 2. Kapitel wird die Partyrunde von Ginka, zu der Isabelle und Jakob zählen, Zeuge der Bilder des Anschlags 9/11, ohne dass der munteren Runde deshalb die gute Stimmung verloren geht. Actio und reactio gehen also weit auseinander – einem Akt der Gewalt folgt eine fragwürdige Reaktion in Form von Passivität, Verdrängung und fehlender Empathie in routinierter Umsetzung, wenn man es so pointiert formulieren darf.

Hauptthema des Romans?

Diese ersten Impressionen setzen sich Kapitel für Kapitel fort, und vor allem nimmt ihre Anschaulichkeit immer weiter zu. Die Literaturwissenschaftlerin Andrea Leskovec sieht deshalb in der Gewalt das Hauptthema des Romans und arbeitet ihre Bedeutung vor dem Hintergrund der Arbeiten des Philosophen Bernhard Waldenfels heraus, indem Gewalt und die **Erfahrung des Fremden** in Verbindung gebracht werden:

Für Leskovec handelt es sich bei Hackers Roman „um einen Text, dessen zentrales Thema Gewalt ist: als real existierende Bedrohung, als Grundtonus des Textes und (...) als ein Grenzphänomen, als Fremdes, das Ordnungen infrage stellt und Handeln erzwingt.“[17]

Krieg als weit entferntes Medienereignis

Die Einzelheiten müssen nicht wiederholt werden. Die Bilanz ergibt eine Abstufung der Formen von Gewalt. Zuerst wäre da die Gewalt auf der politischen Weltbühne. Dem Terroranschlag von 9/11 begegnen die USA und ihre Verbündeten mit einem militärischen Gegenschlag, der politisch und medial (Fernsehansprachen, Zeitungsmeldungen) legitimiert wird. Die Romanhandlung greift die historisch-politischen Entwicklungen immer wieder auf. Die Protagonisten und Protagonistinnen registrieren Zeitungsmeldungen, überlegen, ob sie an Friedensdemonstrationen teilnehmen sollen, fragen sich ängstlich, wie sie sich nach einem Regierungsaufruf bevorraten sollen oder setzen sich mit Kriegsverbrechen wie dem *unlawful killing* auseinander. Es zeigt sich, dass bis auf wenige Ausnahmen die Menschen innerhalb des Romangeschehens keine Ausnahme einer gesamtgesellschaftlichen Tendenz darstellen, die im Jahr 2001 in Europa festzuhalten war. Der Krieg ist weit weg und ein Medienereignis, das für vorübergehende Wellen von Hysterie, Diskussionen oder Agitation sorgte. Es werden hitzige Gespräche geführt, aber nur für einige wird das Geschehen zum alles dominierenden Ereignis (der Prediger Jona im 27. Kapitel). Im Kapitel 3.1 dieser Erläuterung wird auf ein Interview mit Katharina Hacker aus dem Jahr 2014 verwiesen, in dem sie erwähnt, dass die **Frage, was Politik mit uns mache**, eine der Leitfragen für ihre Arbeit am Roman gewesen sei. Diese ließe sich demzufolge mit den beschriebenen Reaktionen und Verhaltensweisen der Figuren beantworten. Betroffenheit und Unsicherheitsgefühle vergehen in der **medialen**

17 Vgl. Leskovec, S. 161–172, hier: S. 161; auch Harrer, S. 429–441.

Gefährlicher Flirt mit der Gewalt: Szene aus der Romanverfilmung von 2016 © UNAFILM GMBH

Übersättigung bzw. Dauerkonfrontation mit schlimmsten Nachrichten, sodass das große Desaster regelrecht herbeigesehnt wird, um Abwechslung zu erleben. Dieses Phänomen hat sich seither eher noch verstärkt; in einem Artikel in der ZEIT vom 14. Juni 2019 fragt sich die Theologin Petra Bahr, Mitglied des Deutschen Ethikrats, ironisch, wie schlecht es uns bloß ohne die tägliche Endzeitstimmung ginge.[18]

Alltägliche Gewalt

Auf der gesellschaftlichen Ebene hat man es neben den großen historisch-politischen Ereignissen mit einer fortwährenden Alltagserfahrung von Gewalt zu tun. Neben der **Gewalt innerhalb von Familien** in Form von verbaler Gewalt oder Schlägen, wie in der Familie Saras, werden beide Formen der Gewalt innerhalb der sozialen Kleingefüge des Freundes- und Bekanntenkreises wie der Drogenbande um Albert behandelt. Auch wenn sie sich gegenseitig schlagen oder verprügeln lassen, bleiben

18 Vgl. Bahr, in: Die Zeit, 14. 6. 2019.

sie irgendwie doch zusammen. Gewalt ist für sie ein **scheinbar normales Mittel des täglichen Umgangs**; sie wird erfahren und weitergereicht. Der Roman thematisiert auch permanent Gewalt unterschiedlichster Ausprägung. In der Großstadt wird man angerempelt, irgendjemand geht direkt anscheinend drohend auf einen zu (R S. 78/F S. 67), und erst im letzten Moment wird ausgewichen, man wird wütend angezischt, nach der Theateraufführung läuft ein Schauspieler bedrohlich hinter der Freundesgruppe her, ein Überfall findet statt, Jim findet eine verletzte Katze, ein Frauenmörder erschlägt seine Opfer vermutlich mit einem Backstein, Vermisstenfotos hängen überall herum. Hat der Roman dennoch ein verhalten optimistisches Ende, weil die ausgeübte Gewalt zum bessernden Handeln auffordert? Weil Jim Isabelle zwingt, hinzusehen und an Saras Schicksal „Anteil zu nehmen", sodass die Kette der Gewalt für sie durchbrochen wird?[19] Und ergänzend: Kann der angedeutete Denkprozess Jakobs ganz am Ende für etwas Gutes stehen (R S. 359/F S. 309), wenn er an Benthams Worte denkt?

Optimistischer Romanschluss?

Darüber kann man trefflich streiten. Ich persönlich habe Probleme, in Jims Verhalten eine konstruktive Hilfsabsicht zu entdecken, die Isabelle zum Hinschauen und Handeln zwingt, indem er Sara die Zähne ausschlägt und Isabelle mit dem Messer erniedrigt. Jim verlässt seine Opfer und geht nach Glasgow, ohne sich weiter um sie zu kümmern. Die Zukunft Saras ist ihm gleichgültig; eigentlich hat er sie demjenigen überlassen wollen, der Sara findet; doch dann trifft er Isabelle und führt sie in die Wohnung zu Sara. Sein folgender Gewaltausbruch passt leider zu gut in die Reihe der vielen vorherigen, als er urplötzlich Mae mehrfach schlägt, oder auch Ben, Hisham, Alice. Dass Isabelle am Ende die Klamotten Jims trägt, ist symbolisch, so wie die ins Schloss gefallene Tür (R S. 359/F S. 309). Das scheint eher für einen negativen Fortgang zu stehen. Gern jedoch schlösse man sich der

Kann Gewalt andere Gewalt beenden?

19 Vgl. Leskovec, S. 169; Fromholzer, S. 106.

Deutung Franz Fromholzers an, wenn es deutlichere Zeichen für Verhaltensänderungen bei den Protagonisten gäbe. Er erkennt in der Gewalteskalation die Anspielung auf das jüdische Lied *Had Gadya*, dessen Refrain *Had Gadya* (in etwa: ein einziges Kind) von Kommentatoren allegorisch auf das jüdische Volk in der Geschichte bezogen werden könne. Am Ende werde das Kind von Gott gerettet, so auch das jüdische Volk.

„Indem in Hackers Roman *Die Habenichtse* auf die gewalttätige Struktur der Weltgeschichte und des unterdrückten jüdischen Volks zurückgegriffen wird, werden dennoch entscheidende Veränderungen vorgenommen (...). Das Modell sich wiederholender, aufschaukelnder Gewalt und Rache verliert seine Gültigkeit."[20]

Symptom der modernen Gesellschaft

Insgesamt wird die omnipräsente Gewalt im Roman als ein Krisensymptom der modernen Gesellschaft aufbereitet, dem der Mensch ausweicht, anstatt es zu therapieren. Insofern ist die leicht sadomasochistische Veranlagung Isabelles gewissermaßen eine konsequente metaphorische Umsetzung des Verhaltens der Gesellschaft, die sozusagen eine Lust an der Gewalt zu haben scheint, die befriedigt werden muss, und sei es durch die Medien.

Großstadt und urbane Lebenswirklichkeit

Ambivalenz der Stadt

Die (Groß-)Stadt wird im Roman als ein eigentümlich **widersprüchlicher Lebensraum** beschrieben. In der Stadt prallen auf engem Raum soziale Gegensätze aufeinander.[21] Sie bietet unerschöpfliche Zerstreuungsmöglichkeiten und attraktive Freizeitangebote, ist das Sprungbrett für junge qualifizierte Leute (New concept – new life), **Inbegriff des erfüllten Lebensgefühls** der Moderne und gleichzeitig ein Lebensraum, dem die Menschen

20 Fromholzer, S. 107.
21 Vgl. Amann sowie Reinhäckel, *Traumatische Texturen*, S. 131–137.

entkommen möchten. Berlin kommt Jakob wie erwähnt menschenleer vor, und er mag das große London, so wie Isabelle den Provinzmief meint loswerden zu müssen, indem sie in Berlin erst einmal einkauft, was das Portemonnaie hergibt. Jim, der zehn Jahre nicht aus London weggekommen ist (R S. 28/F S. 24), registriert verbittert sein Leben in einer Straße ohne „Grün weit und breit" (ebd.), nur „Lärm und Baustellen und Dreck". Außerhalb Londons dagegen sieht er „Gärten, kleine Häuser mit Gärten davor oder drumherum (...) gepflegt, friedlich." (R S. 28/F S. 24) Das Verhalten der Protagonisten steht im Einklang mit einem Stadtbild, das neben dem Dreck, der Überfüllung und Enge eben auch einen Menschenschlag befördert, der es schafft, Missstände zu ignorieren (R S. 13, 317/F S. 12, 273 z. B.) oder zu produzieren („Idioten und Spanner und Mörder", R S. 200/F S. 173). Die Bilanz mit Blick auf Jakob und Isabelle lautet:

> „Mit der literarischen Stadtkonstitution eines hektischen, überfüllten und fremd bleibenden Londons wird ein Schauplatz entworfen, der die emotionale Verwahrlosung oder Haltlosigkeit der Protagonisten unterstreicht und an dem der 11. September nur noch einen Karrierekatalysator bedeutet."[22]

Land als Sehnsuchtsort, Parks als Trostorte

Der Stadt wird das Land als Sehnsuchtsort entgegengestellt. Jim und Albert träumen von einem idyllischen Landleben, das nur Rosen und Hügel kennt; existenzielle Sorgen dagegen nicht. Interessant ist, dass Jim und Dave gerne in einem Schnellimbiss namens „Pang's Garden" essen, womit das Motiv der Naturidylle variiert wird. Den anderen Städtern dienen Parks oder Ausflüge ins Ländliche als Trostorte: „ein Stück Landschaft mitten in der Stadt, freundlich, wohlwollend, um das Leben in der Stadt zu erleichtern." (R S. 242/F S. 209) In diesen Parks kommen **Szenen wie aus dem unschuldigen Paradies** vor, beispielsweise als Jakob das

22 Reinhäckel, *Literarische Schauplätze deutscher 9/11-Romane*, S. 133.

Liebespaar beim Baden beobachtet (R S. 238–240/F S. 205–207) oder wenn die Paare an Sommerabenden im Gras liegen oder Hand in Hand umherschlendern (R S. 241/F S. 209). Für Bentham zählt der regelmäßige Spaziergang zum Arbeitsritual, und Jakob begleitet ihn gern. An den Wochenenden zieht es die Städter hinaus in die ländliche Idylle; im Roman werden Ausflugsziele wie Kew's Garden oder Spaziergänge an der Themse erwähnt. Dass in diese **Oasen der Beruhigung und Entschleunigung** aber auch die Gewalt einbricht, wird mit der Mordserie an den Frauen deutlich, die in den Parks erschlagen und deren Leichen unter Büschen zurückgelassen werden.

Urbane Einsamkeit

Das große Paradoxon der Stadt dürfte die **Tendenz zur Isolation und Vereinsamung** inmitten von Zigtausenden sein. Diesem Phänomen spielt freilich das **soziale Desinteresse** des modernen Homo oeconomicus und das Ignorieren von nachbarschaftlichen Problemen zu, wie das Beispiel der kleinen Sara im Roman zeigt. Viele Kontakte, die in der Großstadt geknüpft werden, bleiben oberflächlich. Auch Andras ist mit seinen Gedanken über weite Strecken des Romangeschehens für sich. Von den zahlreichen Personen, die in der Studienzeit Jakobs genannt werden, wird kaum eine zu einem Freund, und ihre Nennung illustriert das urbane Phänomen einer eigenartigen Beziehungslosigkeit. Isabelle und Jakob laufen **im labyrinthischen London**[23] Meile um Meile allein herum, was den Mangel an sozialer Geborgenheit wie auch symbolisch die Ziel- und Orientierungslosigkeit der Protagonisten dokumentiert. Jim geht es auch nicht besser. Er kennt oder spricht zwar viele, ohne dass es ihm Zufriedenheit verschaffte. Natürlich ist er auch unfähig zu lieben. Einsamkeit ist ein Phänomen der Moderne und auch in der Literatur.[24] (Vgl. dazu auch die Lernskizze auf S. 153 dieser Erläuterung.)

---

23 Vgl. Görner, ab S. 234. Sander (2015) spricht bezeichnenderweise von den gleichgültig wirkenden literarischen Figuren der Gegenwartsliteratur als „Zuschauern des Lebens". Detailliert über *Die Habenichtse* die Seiten 137–217.

24 Vgl. Gösweiner, S. 181–207 und S. 258–282.

Globalisierung, Mentalität, Liebe

Wie geht es mit Jakob und Isabelle weiter?

Die **Bewertung des Romanschlusses** wird man unterschiedlich vornehmen und dabei über die Frage sinnieren können, wie es mit Isabelle und Jakob weitergehen könnte. Das ist eine reizvolle Spekulation. Immerhin nimmt Jakob sie ja tröstend in den Arm und versichert, alles werde gut (R S. 358/F S. 309). Wenn die beiden sich wirklich lieben würden, könnte man Jakob Glauben schenken; allein, sie tun es nicht. Die Zeichen am Ende stehen auch denkbar ungünstig. Es ist ja nicht nur die Tür-Symbolik der ins Schloss gefallenen Tür, die ein Ende der Ehe nahelegt (R S. 359/F S. 309), da ist auch noch die unerwiderte vollständige Umarmung zwischen beiden oder die Kleidung Jims, die Isabelle nicht abgelegt hat. Jakobs verdrängte Bisexualität und Isabelles Neigungen bzw. die Tatsache, dass beide seit Längerem mehr oder weniger heimlich angefangen haben, sich nach **außerehelichen Liebesabenteuern** umzusehen, sprechen ebenfalls dagegen.

Schlechte Aussichten für die Liebe

Eine aussichtsreichere Beziehung dagegen scheint die von **Andras und Magda** zu sein. Aber auch da stellen sich Zweifel ein. Andras denkt schon kurz nach dem letzten Telefonat mit Isabelle, das wie ein Schlussstrich aussieht, wieder daran, sie nach Berlin einzuladen (R S. 334 f./F S. 288 f.). Da die Beziehung mit Magda mehr so etwas wie eine Trostfunktion in der Bedürftigkeit nach Wärme hat und hinlänglich klar wird, wie sehr Andras seine Isabelle liebt, kann man sich einige Verwicklungen ausmalen, die mit Isabelles Rückkehr nach Berlin entstehen würden. Am ehesten stehen Peter und seine schwangere künftige Frau für echte Liebe, sodass sich mit Blick auf den Roman die Erkenntnis aufdrängt, es in den *Habenichtsen* mit einer weitgehend **liebesunfähigen Gesellschaft** zu tun zu haben oder zumindest mit einer Gesellschaft, in der dauerhafte Beziehungen nicht allzu oft vorkommen. Das deprimierende Bild dient der Schlussfolgerung, dass fehlende Liebe wie auch fehlendes Mitleid oder Empathie (sollte man Nächstenliebe sagen?) für die beschriebenen Schattenseiten in Politik und Gesellschaft verantwortlich zeichnen, namentlich Gewalt. **Wenig Liebe – viel Gewalt**, könnte man sagen.

Ruhe- und Ziellosigkeit

Ein gewisses Getriebensein bis hin zur Ruhe- und Ziellosigkeit kennzeichnet die Gesellschaft im Roman. **Isabelles ziellose Fußmärsche** allein durch die Straßen in London (R S. 172/F S. 148), auch bei Jakob der Fall, stehen im wahrsten Sinne des Wortes für diese Ruhe- und Ziellosigkeit der qualifizierten Eliten in der globalisierten Gesellschaft. Andras hat das bei Isabelles Abflug bereits in ihrem Blick diagnostiziert („unerbittliche Ziellosigkeit", R S. 128/F S. 110). Im Dienste dieser Darstellung steht das Ding-Symbol der dreckigen Turnschuhe Isabelles (R S. 178, 193/F S. 153, 167), die in der Großstadt durch viele Meilen schmutzig werden. Zugleich ließe sich der Schmutz auch auf die moralische Situation Isabelles beziehen. Isabelle schreitet nicht ein, um dem Krach nebenan auf den Grund zu gehen, und die Rolle als treue Ehefrau liegt ihr nicht.

Moderne Nomaden

Dass es besonders den Protagonisten Jakob und Isabelle schwerfällt, so etwas wie eine Heimat definieren zu können, muss nicht heißen, dass sie sich daran stören. Sie scheinen auch kein großes Heimweh zu verspüren. Für Jakob und Isabelle als **Prototypen des globalisiert und nomadenhaft lebenden Homo oeconomicus** sind berufsbedingte Ortswechsel zwischen Berlin, London, New York und Reisen zu den Eltern nach Tübingen und Frankfurt selbstverständlicher Alltag. Es zählt zu den Eigenarten der Globalisierung, dass die mobilen Experten mit ihrem vorübergehenden Zuhause mitten in die sozialen Gegensätze katapultiert werden. In der Lady Margaret Road sind sie greifbar durch die völlig ungleichen Bewohner in den drei Reihenhäusern.[25] Andras hat seine Heimat, an der er erkennbar hängt und deren zwischenmenschliche Herzlichkeit im Roman in Kontrast zum Verfall der familiären Vorstellungen bei Isabelle und Jakob steht, verlassen,

Andras als Gegenentwurf

25 Vgl. auch hier Amann sowie Reinhäckel, *Traumatische Texturen*, S. 131–137.

um eine bessere Zukunft aufzubauen. Er ist „ein disziplinierter, unauffälliger Vagabund" (R S. 47/F S. 40), der sich einzufinden versteht. In einer unterschwellig wertenden Beschreibung des gelegentlich in Erscheinung tretenden auktorialen Erzählers sieht dieser Isabelle und Jakob „Hühnchen essen, Rotwein trinken, den sie überall kaufen konnten, so wie sie sich überall ein Zuhause schafften, in Berlin, in London." (R S. 167/F S. 144) Mit dieser **Austauschbarkeit des Zuhauses** (Jakob zieht „gerne um", R S. 23/F S. 21) geht auch ein gewisses Desinteresse an Besitz und vertrauten Gegenständen einher, was sich bei Jakob in einer Wegwerfmentalität zeigt (vgl. R S. 23/F S. 21); bezeichnenderweise hebt Andras seine Habseligkeiten gerne auf. Isabelle wundert sich beispielsweise kurz beim Hausputz: „Die kleinen, überflüssigen Dinge fehlen hier" (R S. 174/F S. 150), was diesen Umstand beiläufig hervorhebt. Zudem fällt ein gewisses Unvermögen auf, Zufriedenheit aufzubauen oder den Alltag selbst in einer Weltmetropole wie London als erfüllend und interessant zu begreifen. An einem Abend mit Alistair können sich die jungen Leuten nicht entscheiden, welche Veranstaltung sie aufsuchen sollten; für Isabelle der Anlass festzustellen: „Als sollte nie etwas passieren, dachte sie". (R S. 173/F S. 149) Es scheint, als könnten diese Denk- und Verhaltensweisen erklären, dass kaum ein Ereignis im Alltag nachhallt, weder die verdächtigen Geräusche in der Nachbarwohnung noch die Vermisstenfotos in London oder die schlimmen Nachrichten vom Nahostkrieg. In der weiteren Entwicklung entsteht die „Sehnsucht nach der Apokalypse", in der auch die Sehnsucht nach Erkenntnis und Lebensinhalten mitschwingt.[26] Der Roman verweist auf die Gegensätze aus Erfülltheit und Leere, Armut und Reichtum, Haben und Nichthaben.

---

26 Vgl. Fischer, *Interview über die Apokalypse*.

Intertextualität

Bezüge zu anderen Autoren

Als **Zeit- und Gesellschaftsroman** stehen *Die Habenichtse* in einem Austausch mit anderen gesellschaftskritischen Romanen der Moderne, was sich in intertextuellen Bezügen inhaltlicher und formaler Hinsicht ausweist. Das wird als Kennzeichen des sog. **postmodernen Romans** begriffen und ist nicht ohne Widerspruch geblieben.[27] Das Folgende muss beispielhaft bleiben.

William Gaddis: *Die Erlöser*

Im Roman fallen Hinweise ins Auge, die dem Verständnis dienen. Vielleicht sollte man von **bewusst gelegten Spuren** reden, denen die Leserschaft nachgehen kann, aber keineswegs muss. Im Roman *Die Erlöser* von William Gaddis (1922–1998) stellt sich heraus, dass die Protagonisten aus dem Mittelstand samt und sonders hinter ihrer gutbürgerlichen Fassade düstere Seiten ihres Charakters verbergen beziehungsweise verdrängen. Der Titel *Die Erlöser* der deutschen Übersetzung (im Original ist es *Carpenter's Gothic,* 1985) greift offenbar den Radiosender „Stimme der Erlösung" eines Predigers auf, Reverend Ude, der seinem zahlungskräftigen Publikum mit seinen unablässigen Ermahnungen und Visionen einheizt und ein virtuoses Geschäftsmodell mit dem religiös motivierten Bessersein etabliert hat. Gaddis serviert das Ganze in einer atemberaubend vielschichtigen Sprachführung, die lange als unübersetzbar galt. Es fallen abrupte Wechsel zwischen Erzählerbericht, erlebter Rede und direkter Rede auf. Die direkte Rede wird mit Gedankenstrichen markiert. In anderer Schrift sind Zitate aus zeitgenössischen Kontexten eingebaut. Um die Sprachschichten einzelner Milieus und deren Bildungsniveau abzubilden, scheut der Harvard-Absolvent Gaddis nicht vor bewusst eingebauten orthografischen Regelverstößen zurück, sodass man mitten in die US-amerikanische Gesellschaft an einem beliebigen Tag geschleudert wird. Katha-

27 Vgl. Becker/Hummel/Sander, S. 225–229; Kopp-Marx, besonders S. 24–51; Wucherpfennig, S. 311 f. und 324–328.

rina Hacker hat mit ihrem Roman einen vergleichenden Zugriff auf die Gesellschaft um ihre Protagonisten entworfen, sodass sich ein zusätzlicher Blick auf die westliche Gesellschaft insgesamt ergibt, die nebenbei bemerkt gerne ihre liberale Ordnung als globales Vorbild begreift, ohne zu erkennen, wie schlecht es um sie bestellt ist. Im Vergleich zu Gaddis fallen inhaltlich-formale Gemeinsamkeiten ins Auge, wobei Katharina Hacker gnädiger mit ihrem Publikum verfährt und es nicht mit den bewusst konstruierten sprachlich-orthografischen Mängeln bombardiert, wie es Gaddis tut.

Virginia Woolf: *Jacob's Room*

Wenn Alistair seinem deutschen Kollegen Jakob die Lektüre des Romans *Jacob's Room* (1922) von Virginia Woolf (1882–1941) empfiehlt, könnte dies neben einem speziellen Sinn für Humor wegen der Namensähnlichkeit auch seine literarische Bildung andeuten oder als ein **versteckter intertextueller Hinweis** der Autorin für die Lesart des Romans *Die Habenichtse* zu begreifen sein. Letzteres ist wahrscheinlich zu favorisieren. Der Protagonist Jacob in Woolfs Roman hat ernste Probleme, seinem Leben bleibenden Pepp zu geben. Er interessiert sich für vieles, ohne zufrieden zu sein, und besonders hat er in sozialer Hinsicht Schwierigkeiten, sich einzufinden. Seine Frauengeschichten sind kein Beleg für erfüllte Beziehungen. Er vereinsamt immer mehr, zieht sich zurück und lebt in einer Parallelwelt aus Büchern. Sein Gang auf die Schlachtfelder des Ersten Weltkrieges erscheint nicht nur als patriotische Tat, die zigtausende junge Männer für ihr Land begingen. Es ist die Tat eines Lebensmüden, dem der Tod gleichgültig ist.

Virginia Woolf ist neben James Joyce eine der größten Autor:innen der Literatur des 20. Jahrhunderts. Schon zu ihren Lebzeiten wurde der experimentelle erzähltechnische Wert ihrer Romane erkannt. Die Fähigkeit, einen Protagonisten durch die Augen anderer treffsicher vorzustellen, erleben die Leser:innen in *Jacob's Room* auf jeder Seite. Jacob Flanders wird vorwiegend durch die Perspektive anderer Romanfiguren greifbar und die unterschiedlichen Facetten der einzelnen Formen der Figurenrede tragen dazu bei.

Was leisten intertextuelle Bezüge?

Insgesamt wäre es für die Interpretation des Romans *Die Habenichtse* hilfreich, der übergeordneten Frage nachzugehen, was die intertextuellen Verweise letztlich leisten. Aus meiner Sicht ist es nicht sinnvoll, bei jedem kleinen Verweis, wie beispielsweise der bloßen Erwähnung eines bedeutenden Namens, in eine interpretatorische Deutungswut zu verfallen und große Gedankengebäude zu entwickeln. Das ist immer auch spekulativ. Intertextualität dürfte als eine Ermunterung zu verstehen sein. Man soll sich klarwerden, dass ein bestimmtes Problem auch von anderen Autor:innen schon erkannt bzw. behandelt wurde. Man soll hinschauen. Intertextualität ist somit ein **Mittel zur erweiterten Vermittlung der Textintention** und der Ausdeutbarkeit.

3.8 Schlüsselstellenanalysen

Schlüsselstelle Nr. 1: 9. Kapitel, R S. 64–67/F S. 55–58 („… und zeigte auf Isabelles alte Turnschuhe.")

Kontext: Der Terroranschlag am 11. September 2001 hat die Welt in einen Schockzustand versetzt. Auch das Umfeld des frisch verliebten, beruflich aufstrebenden Paares Jakob und Isabelle ist betroffen. Nach einigen Tagen der Ungewissheit ist ein Kollege Jakobs zu den Opfern zu zählen; an der Beisetzung im Oktober nimmt Jakob teil, und er soll schon bald die Nachfolge seines verstorbenen Kollegen in einer Londoner Kanzlei übernehmen. Den Umständen zum Trotz soll und muss das Leben weitergehen: Isabelle und Jakob planen, zusammen eine Wohnung zu kaufen und zu heiraten, obwohl sie sich erst seit einigen Wochen kennen.

Schlüsselstelle: Isabelle eröffnet ihrer Freundin Alexa die Heiratsabsicht, was diese mit Verwunderung registriert („Aber warum wollt ihr heiraten?", R S. 64/F S. 55). Isabelle kann auf diese in Anbetracht der Umstände berechtigte Frage jedenfalls keine überzeugende Antwort geben: „Es ist so passend" bzw. etwas später „Ich finde Jakob aber sehr nett, sagte sie." (Ebd.) Zwischen diesen beiden banal klingenden Aussagen vergehen einige Momente, in denen das Gespräch ohnehin durchzogen ist von einer Konversation, die abrupt die Themen und Richtungen wechselt, und in denen die beiden Freundinnen mit sich und ihren Gedanken beschäftigt sind. Sie hören einander gar nicht aufmerksam zu und reagieren nicht recht auf die jeweiligen Aussagen ihres Gegenübers. Das eigentliche Thema ist jedenfalls schnell abgetan, zumal Isabelle sich selbst gleich nach der gerade zitierten Aussage mit ihrer eigenen Körperhaltung beschäftigt, die nicht der Alexas entspricht („Ich kann nicht so gerade gehen wie du", ebd.) und sich mehr ihren Erinnerungen an die Zeit der gemeinsamen Wohngemeinschaft mit ihrer lesbischen Freundin hingibt, während Alexa von ihren Erlebnissen als Fotografin plaudert. In

ihre Unterhaltung mischt sich ein kurzer Streit mit zwei zehnjährigen Jungen, die von den Frauen Zigaretten erbetteln wollen und auf die Ablehnung mit dem gezielten Wurf eines Golfballs reagieren. Die Textstelle lebt von einem stets wechselnden Satzbau unterschiedlicher Länge. Freiheiten in der Orthografie und der schnelle Wechsel in den Formen der Erzählerrede zwischen den Gedanken Isabelles, den knappen Beschreibungen der Außenwelt und der nur mit einem Gedankenstrich angedeuteten wörtlichen Rede sowie ein Erzählverhalten, das zwischen personal und auktorial pendelt, unterstützen den unkonzentrierten Eindruck, den die beiden Frauen hinterlassen. Am Ende der Textstelle werden die Turnschuhe Isabelles erwähnt, die motivisch für ihre Unrast und die Spaziergänge, besonders in der Stadt London, stehen.
Funktion: Die Textstelle lässt erahnen, dass die Beziehung zwischen Jakob und Isabelle ein Strohfeuer sein könnte, das bereits nach wenigen Wochen verlöschen wird. Isabelle hat keinen wirklichen Heiratsgrund, auch wenn sie sich innerlich eingesteht, Jakob zu mögen (R S. 67/F S. 58). Zudem weckt die Textstelle Zweifel an der Qualität der Freundschaft zwischen den beiden Frauen, denn beide hören einander nicht zu, und es fehlt eindeutig am Bewusstsein, dass eine Heirat mit Verantwortung zu tun hat, worüber man unter engen Freunden sprechen sollte. Nähme man diese Textstelle gesondert, um eine gesellschaftliche Mentalität zu erschließen, so dürften Oberflächlichkeit und mangelndes Wertebewusstsein zu den Ergebnissen zu zählen sein. Zudem verdeutlichen Isabelles Erinnerungen an die erotischen Fotoaufnahmen, die ihre Freundin von ihr angefertigt hat, die unterdrückten sexuellen Obsessionen Isabelles. Der leichte Kuss auf Isabelles Mund und Isabelles Lächeln (R S. 67/F S. 58) unterstreichen das zusätzlich.

Schlüsselstelle Nr. 2: 25. Kapitel, R S. 217/F S. 188 („Als er sich der U-Bahn-Station wieder näherte ...") bis R S. 220/F S. 190 („... mehr als ausreichend.")

Kontext: Seit der Heirat von Jakob und Isabelle ist einige Zeit vergangen. Jakob ist in London für Bentham tätig, und Isabelle ist zwischenzeitlich nachgekommen (19. Kapitel). Das Leben in London war bislang von Angst geprägt: Der Irak-Krieg tobt seit Wochen und ist beinahe zur medialen Alltäglichkeit geworden, an die man sich langsam zu gewöhnen scheint. Jakob gibt sich ganz der Arbeit für Bentham hin, die sich im Wesentlichen um Wiedergutmachungsfälle aus der NS-Zeit dreht. Im Auftrag Benthams ist er nach Berlin geflogen und hat abends ein wenig Zeit für sich. Er ist in melancholischer Stimmung und ruft spontan Andras, Isabelles Freund und Arbeitskollegen, an, um ein Treffen auszumachen.

Schlüsselstelle: Das Gespräch wird von Andras gleich zu Beginn auf das Thema Wiedergutmachung an den Juden im Deutschland des Jahres 2003 gelenkt, wechselt dann aber langsam über zu Fremdheitserfahrung und Heimatlosigkeit. Es fällt ein ungleicher Redeanteil in dieser Textstelle auf, die weitgehend aus wörtlicher Rede besteht; es ist Andras, der sozusagen für sie beide und ihre Verfassung die richtigen Worte findet. Andras ist selbst ein ungarischer Jude und weiß mit geradezu traumwandlerischer Sicherheit, in welcher Situation sich Jakob befindet („auch schien er mühelos zu wissen, worüber Jakob mit ihm sprechen wollte", R S. 218/F S. 188). Interessanterweise kann er dazu seine eigene Befindlichkeit als ungarischer Jude, der in der Fremde lebt, thematisieren. Ohne Umschweife bringt er Jakobs innere Aufgewühltheit auf den Punkt, die er bei seiner Arbeit mit Bentham empfindet („Du hast doch tatsächlich geglaubt, dass du eine Art Gerechtigkeit wiederherstellst", R S. 218/F S. 188), ohne dass er freilich von Jakobs verdrängter Bisexualität weiß oder gar von Jakobs Gefühlen für Bentham. Als ungarischer Jude nimmt sich Andras die Freiheit, nicht nur den Deutschen eine gewisse unehrliche Haltung zu unterstellen („Dazu immerhin braucht man die Juden“, ebd.), in die eine anhaltende Fixierung auf Vergangenheit und Schuld hineinspiele („Vergangenheitsgespenster“). Er vermutet, dass möglicherweise viele nicht wollen, dass Juden im heutigen Deutschland leben, aber diese Tatsache in Kauf genommen werde, um sich als Rechtsstaat zu präsentieren. Andras ist sich nicht sicher, ob es „ein deutsch-jüdisches Zusammenleben“ überhaupt gibt (R S. 219/F S. 189). Nach diesen gesellschaftspolitischen Überlegungen mit teils philosophischem Charakter in Form von Sentenzen („Die Politik spielt vergangenes Recht gegen das Recht der Vergangenheit aus, und das unter dem Decknamen Wahrheit“, R S. 218/F S. 188) auf hohem sprachlich-intellektuellen Niveau kann er auf eine Zwischenfrage von Jakob seine Erfahrungen ausdrücken, die sich beim Pendeln zwischen den Welten bzw. durch die kulturellen Wurzeln als Ungar, Jude und der ideellen Heimat Israel ergeben. Er vergleicht es mit einer „ständigen Prozession“ (R S. 219/F S. 189), da auch unterschiedliche Erwartungen an ihn seitens der Verwandtschaft bzw. des jeweiligen Umfeldes gerichtet werden. Jakob kann schließlich zugeben, dass er sich in London nicht wohlfühle („Ich frage mich, ob es klug war, nach London zu gehen“, R S. 220/F S. 190). Er wird von Andras mit der Frage „Warum soll man nicht an zwei Orten leben?“ (ebd.) getröstet und der Aussicht, dass man vielleicht einmal in seine eigenen Umrisse hineinwachse.

Funktion: Die Textstelle bündelt in dichter Drängung verschiedene Themenkreise, die Jakob beruflich und privat beschäftigen. Er hat sich seit dem Studium zum Thema Vermögensrecht hingezogen gefühlt und findet in der Arbeit für Bentham eine geradezu rechtsphilosophische Erfüllung dieser Faszination, in die auch die besonderen historischen Begebenheiten der deutschen Geschichte hineinspielen – und natürlich die Faszination und Zuneigung bezüglich Benthams. Die Textstelle zeigt zudem die Einfühlsamkeit von Andras, die er nicht zurückerstattet bekommt, denn weder Isabelle noch Jakob sind willens oder fähig, sich um die Nöte von Freunden ernsthaft zu kümmern. Zu guter Letzt zeigt die Textstelle auch die Probleme, vor denen der globalisierte Mensch zunächst wegfliegen, denen er aber nicht dauerhaft entkommen kann: der Auseinandersetzung mit der eigenen Identität und Heimat.

Schlüsselstelle Nr. 3: 27. Kapitel, R S. 246/F S. 212 („Er machte eine Pause ...") bis R S. 250/F S. 216 („Betäubt, gehorsam folgte er ihrem Signal ...")

Kontext: Die Textstelle ist nicht allzu lang nach der Rückkehr Jakobs aus Berlin und dem Gespräch mit Andras einzuordnen. Zwischenzeitlich ist Jakob endgültig der aus Faszination und unterdrückter bisexueller Zuneigung zu Bentham zusammengesetzten Gefühlslage verfallen. Er erhofft sich die Anwesenheit Benthams wie beispielsweise bei einem Parkkonzert, das er mit Isabelle besucht. Eines Tages beobachtet er an einem einsamen Badeteich bei Regenwetter zwei Männer, die Zärtlichkeiten austauschen, und er meint aufgewühlt, Bentham gesehen zu haben. Eifersüchtig auf den Mann, der mutmaßlich dort von Bentham gestreichelt wurde, gerät er danach beim ziellosen Umherstreifen in den Straßen Londons in eine Menschenmenge, die einem Prediger gebannt zuhört. Jakob fühlt sich spontan zu einer Frau vor ihm hingezogen.

Schlüsselstelle: Noch unter dem Eindruck des Badeteich-Erlebnisses und des unerfüllten Verlangens nach Zärtlichkeit bzw. Bentham, sieht er die Frau vor sich und kämpft gegen das Verlangen an, „den Nacken zu streicheln, den Kopf sachte zu sich herzudrehen" (R S. 245/F S. 212). Jakob spricht die Frau flüsternd an und kommt ihr dabei nahe; eine Nähe, die sie unmittelbar auch zu fühlen und wohl auch zu genießen scheint („Sie richtete sich eine winzige Spur auf", R S. 246/F S. 213). Die Textstelle wird durch die Parallelisierung der Predigt, die der Sinnsuche vor dem Hintergrund des Irak-Krieges nachgeht, und dem Wunsch nach Geborgenheit und Wärme getragen. Im Falle Jakobs ist es das

beschriebene Gefühl für Bentham und im Falle der Frau, die sich kurz nach Ende der Predigt als Miriam vorstellt, sind es Nächstenliebe und Einfühlungsvermögen. Mit den Worten „Dir ist kalt" (R S. 247/F S. 214) stellt sie durch das vertrauliche Personalpronomen sowie durch eine mütterliche Geste (sie ergreift seine Hand „wie die eines Kindes", R S. 247/F S. 214) sofort Verbundenheit her und ahnt zugleich seine Bedürftigkeit nach Zärtlichkeit, wie das doppeldeutige Adjektiv „kalt" andeutet. Allerdings steht sie unter dem Bann der Eloquenz des Predigers, dessen Worte sie offenbar über einen langen Zeitraum als Lebensorientierung verinnerlicht hat: „Er behauptet, dass man immer wieder Menschen trifft, die man lieben könnte" (R S. 247/F S. 214). Miriam hat zudem einen entsetzlichen Schicksalsschlag zu verkraften. Ihr geliebter Mann hat sie ohne Anlass und Vorwarnung verlassen (R S. 248/F S. 215), und anscheinend ist ihr gemeinsames Kind durch einen Unfall verstorben (R S. 249/F S. 216). Ihre mütterliche Fürsorge und zärtlichen Berührungen von Jakobs Füßen, die sie vor ihm kniend „in ihren Schoß" (R S. 248/F S. 215) zieht, verraten auch ihren Wunsch nach Geborgenheit. Doch Jakob ist nur halbwegs anwesend. Sie spürt es („Du hörst nicht zu", R S. 163/F 249S. 215), und in seiner Vorstellung befindet er sich noch am Badeteich in der Hoffnung, „der ältere [Mann, S. J.] möge wirklich Bentham gewesen sein." (R S. 250/F S. 216) Allerdings schafft er es, Miriam sanft in den Arm zu nehmen und zu erspüren, dass er sie schließlich verlassen möge. Die gesamte Szene ist von anrührender Intensität, die auch Jakob nicht verborgen bleibt („Aber Isabelle würde das nie tun", R S. 249/F S. 215).
Funktion: Die Textstelle verdeutlicht Jakobs Verfallenheit Bentham gegenüber und die weit vorangeschrittene, aber unausgesprochene Entfremdung in der Ehe von Jakob und Isabelle. Beide durchstreifen London auf der Suche nach Erfüllung im Leben und im Grunde angetrieben von ihren Wünschen nach dem richtigen Partner. Beide können nicht selbstlos Wärme und Liebe vermitteln. Und so zeigt diese Textstelle auch, dass es kaum jemanden

im Roman gibt, dem dauerhaftes Beziehungsglück eigen wäre, was insgesamt eine weitgehend beziehungs- und liebesunfähige Gesellschaft vor dem Hintergrund der großen globalen Konflikte präsentiert.

Schlüsselstelle Nr. 4, 32. Kapitel, R S. 311/F S. 269 („Mit der Kaffeetasse …") bis R S. 315/F S. 272 („Isabelle würgte.")

Kontext: So wie sich Jakob in London unbewusst auf die Suche nach Bentham oder Zärtlichkeit macht, ist Isabelle auf dem Weg, sich dem Dealer Jim mehr und mehr hinzugeben. Nach mehreren Begegnungen mit ihm, allesamt letztlich erniedrigend für sie, erwacht sie eines Tages „schweißnass" (R S. 311/F S. 269) nach einem wüsten Traum, in den sich sexuelle Besessenheit und ihre Londoner Erlebnisse unsauber eingewoben haben. Sie tritt ans Fenster und sieht zwei Bauarbeiter, die sich mit irgendetwas amüsiert zu beschäftigen scheinen.

Schlüsselstelle: Die Textstelle beweist die in dieser Erläuterung dargelegte sadomasochistische Veranlagung Isabelles, die sich in der Hingezogenheit zu Jim besonders verdeutlicht. Die Passage lebt von der Vermischung von Gewalt und Erotik. Just in dem Moment, als sie nämlich Jim zusammen mit den Bauarbeitern sieht, verlässt sie sofort ihr Haus und tritt auf die drei Männer zu im Bewusstsein, erniedrigt zu werden („wusste, sie würde ihm gehorchen", R S. 313/F S. 270); die Männer lachen ohnehin, beispielsweise als ein Windstoß ihren Rock anhebt wie bei der berühmten Szene mit Marilyn Monroe (R S. 313/F S. 270). Einer der Männer bückt sich demonstrativ und „schielte unter den Rock, und ihr war, als würden seine Hände sich an ihr zu schaffen machen" (R S. 313/F S. 270). Die Ohrfeige, die sie ihm verabreicht, stachelt das Geschehen nur noch mehr an. Jim umklammert sie von hinten unter johlendem Gelächter und berührt sie obszön. Auffallend genug presst „sie sich an Jim" und tritt zugleich in Richtung eines der Männer, die die Situation ausnutzen wollen.

Letztlich gehen die beiden Männer, denn Isabelle „ist ja dein Pferdchen" (R S. 314/F S. 271), wie einer Jim zusichert. Neben der erniedrigenden physischen Gewalt dürfte die verbale Gewalt in Form von Gelächter und dem pejorativ zu verstehenden Nomen „Pferdchen" die bisherige Bilanz prägen. Allein, es kommt noch schlimmer. Jim zeigt ihr genüsslich die Leiche der Katze Polly, die verwest, stinkt und achtlos zum Spielzeug der Bauarbeiter wurde (R S. 314/F S. 269). Dass er sie getötet hat, verschweigt er vorerst und macht sich noch einen Spaß daraus, eine Möwe erschlagen zu wollen (R S. 315/F S. 272). Isabelle muss sich beinahe erbrechen – und doch ist sie nicht weggelaufen.

Funktion: Die Textstelle unterstreicht den Befund der unterschwelligen Lust Isabelles an einer sadomasochistisch anmutenden Mischung aus Gewalt und Erotik, wie es in der Erläuterung weiter ausgeführt wurde. Ferner erkennt man, dass die Ehe mit Jakob sicher nicht mehr intakt ist. Weniger auffallend, aber nichtsdestotrotz konsequent dürfte das Gestaltungsprinzip der Gleichzeitigkeit von Gewalt und Erotik sein sowie das Leitmotiv der Katzen, die von den Menschen wiederholt achtlos misshandelt werden – ähnlich den zivilen Opfern im Irak-Krieg.

REZEPTIONSGESCHICHTE

4

Zusammenfassung

- Die Verleihung des Deutschen Buchpreises im Jahr 2006 ist Ausdruck einer in den Feuilletons nahezu durchgehenden Wertschätzung des Romans.
- Die Literaturwissenschaft hat diese ersten Einschätzungen bestätigt und dem Roman mittlerweile zahlreiche Publikationen gewidmet.
- Zur Abrundung des Bildes gehört auch, dass es Leser:innen gibt, die dem Roman aus bestimmten Gründen nichts abgewinnen können.
- Eine Verfilmung des Romans mit Julia Jentsch und Sebastian Zimmler in den Hauptrollen kam 2016 in die Kinos (Regie: Florian Hoffmeister).

Deutscher Buchpreis 2006

Der Roman *Die Habenichtse* wurde gleich nach seinem Erscheinen im Jahr 2006 mit dem Deutschen Buchpreis ausgezeichnet. Die prominent besetzte Jury begründete ihre Entscheidung mit den Worten:

> „Katharina Hackers Roman *Die Habenichtse* erzählt die Geschichte von Haben und Sein neu. Ihre Protagonisten sind in den Dreißigern, wissen alles und kennen doch eines nicht: sich selbst. Sie lassen sich treiben und sind gleichermaßen Getriebene. In einer flirrenden, atmosphärisch dichten Sprache führt Katharina Hacker ihre Helden durch Geschichtsräume und in Problemfelder der unmittelbarsten Gegenwart, ihre Fragen sind unsere Fragen: Wie willst du leben? Was sind deine Werte? Wie sollst und wie kannst du handeln? Die Qualität des Romans besteht darin, diese Fragen in Geschichten aufzulösen, die sich mit den plakativen Antworten von Politik und Medien nicht zufriedengeben.“[28]

---

28 Vgl. https://www.deutscher-buchpreis.de/archiv/jahr/2006.

Lob von der Kritik

In den Feuilletons der überregionalen Presse häuften sich ebenfalls die positiven Buchbesprechungen. **Verena Auffermann** widmete dem Roman am 16. März 2006 in der **ZEIT** eine lange Besprechung. Sie erkannte wichtige Gestaltungsprinzipien des Romans und würdigte, dass die Autorin „immer die Beobachterin, distanziert, gnadenlos" bleibe; und: „auch da, wo es kaum noch geht, in einem Milieu aus Dreck, Blut, Pisse und Drogen, hält sie der Härte stand." Verena Auffermanns Fazit lautete:

ZEIT-Rezension von Verena Auffermann

„Unsere vage Gegenwart hat ein hartes, die Konturen ausleuchtendes Porträt bekommen. Katharina Hacker ist ein zeitkritischer Roman, eine kluge und aufregend zu lesende Analyse geglückt. Hinter dem geschlossenen Fenster existieren Gut und Böse so dicht beieinander, dass kein Blatt Papier dazwischen passt."[29]

NZZ-Rezension von Roman Bucheli

Roman Bucheli lobte in der **Neuen Zürcher Zeitung** am 16. Mai 2006 den Roman als „anrührend und gleichzeitig so hinreißend unverstellt." Wie auch andere Rezensenten besprach er die Komposition und bilanzierte:

„Äußerste Achtsamkeit"

„Mit äußerster Achtsamkeit folgt Katharina Hacker ihren Figuren, unaufdringlich lässt sie selbst den abgebrühten und abgestumpften Jim Reminiszenzen aus seiner Kindheit erzählen, minuziös schildert sie die verschiedenen Milieus in London, und gleichzeitig hält sie ihren Roman in einer eigentümlichen Schwebe: Sie vermeidet es mit Bedacht, ihren Figuren allzu deutliche Konturen zu geben."[30]

Jeder ein Voyeur

Friedmar Apel schrieb am 2. Oktober 2006 in der **Frankfurter Allgemeinen**, sichtlich angetan über die Präzision der Wahr-

29 Vgl. Auffermann, *Schlimme brave Welt*.
30 Vgl. Bucheli, *Als alles anders wurde*.

nehmungen von Stadt, Mensch und Nachbarschaftsgeschehen und die beiläufigen Bezüge zu den zeitgenössischen Entwicklungen: „Wie zwangsläufig werden alle Hauptfiguren zu Voyeuren, die in ein grausames Spiel von Ähnlichkeiten und Übertragungen, Anziehungen und Abstoßungen gezogen werden, für dessen Sinn sie sehenden Auges blind bleiben." Das Resümee Apels fiel geradezu begeistert aus:

FAZ-Rezension von Friedman Apel

> „Katharina Hackers Bild zweier Menschen, denen es an nichts fehlt und die doch weder zur Gemeinschaft noch zur Selbstsorge fähig sind, beeindruckt um so mehr, als sich die Erzählerin scheinbar kaltsinnig jedes moralisierenden Kommentars enthält. In souveräner Beherrschung der Technik eines multiperspektivischen realistischen Erzählens exponiert sie eine zeitgenössische Wirklichkeit, die als erscheinende nur sinnhaft erfahren werden kann, wenn sie mit dem ihr eingeschriebenen Gedächtnis des Leidens angenommen und als Mitsein gestaltet wird. So erweist gerade der deprimierende Verlauf der Liebesgeschichte die Möglichkeit der Liebe. / Schon in Katharina Hackers letztem Roman [*Eine Art Liebe*, S. J.] konnte der Leser die bewegende Kraft ihrer kühlen und eleganten Sprachführung bewundern. In *Die Habenichtse* hat die Autorin ihre außerordentlichen erzählerischen Fähigkeiten noch einmal erweitert und die Höhe der besten europäischen Tradition einer sozial engagierten und geschichtsbewussten Romankunst erreicht."[31]

„Frau Hacker, so nicht!"

Auf der anderen Seite ist die **Leserbewertung** bei den großen Online-Händlern wie **Amazon** eher durchwachsen. Zwar sind auch hier einige voll des Lobes für den Roman, manche Kommentare fallen dagegen geradezu vernichtend aus; viele von ihnen sind (typischerweise) anonym. Ein „Dauerleser" fragte sich zum

31 Vgl. Apel, *Nichts wird gut*.

Beispiel am 7. März 2007, wo bei diesem Roman der Lektor geblieben sei, und setzte fort:

> „Was für ein holpriger und unausgegorener Stil war das teilweise! Rezept: viele Probleme und Fragen unserer Zeit (Drogen, Homosexualität, 11. September, Armut, Jugendkriminalität, Juppie-Wehwehchen und und und) in einen Topf und dann mal kräftig umgerührt. Ergebnis: ein konstruierter Konzeptroman ohne jegliche Relevanz. Nein, Frau Hacker, so nicht! Der eigentliche Skandal: der deutsche Buchpreis."[32]

Kritik vs. Publikum?

In der Summe gibt es somit einen scharfen Gegensatz zwischen Begeisterung der professionellen Literaturkritik bzw. der Jury des Deutschen Buchpreises und Teilen einer Leserschaft, die sich offenbar schwertut mit der Sprache, dem komplexen Aufbau wie auch dem erzählten Geschehen selbst. Für einen gewissen Publikumserfolg spricht jedoch, dass der Roman einige Wochen lang, vom 23. Oktober bis 26. November 2006, auf Platz 1 der Spiegel-Bestsellerliste der meistverkauften Belletristiktitel stand.[33]

Debatte um Wohlstandsverwahrlosung

Verbindend in fast allen Rezensionen ist die **Verortung des Romans** *Die Habenichtse* in die zeitkritische Gegenwartsliteratur, die es sich zur Aufgabe macht, gesellschaftliche Schieflagen aufzuzeigen und mit den prägnanten sprachlich-erzählerischen Gestaltungsmitteln der Gegenwartsliteratur aufzubereiten. In diesen Kontext fällt eine zu dieser Zeit rege Diskussion der Gesellschaft über als problematisch empfundene Symptome wie Wohlstandsverwahrlosung, Egozentrik, Teilnahmslosigkeit und den Verlust der Empathiefähigkeit in den Generationen X und Y.[34] *Die Habenichtse* hat von allen Erzähltexten Katharina Hackers vergleichsweise die größte Menge an fassbarer Auseinanderset-

---

32 Vgl. https://www.amazon.de/Die-Habenichtse-Roman-Katharina-Hacker/product-reviews/3518417398/ref=cm_cr_dp_d_show_all_btm?ie=UTF8&reviewerType=all_reviews.

33 https://de.wikipedia.org/wiki/Liste_der_meistverkauften_Belletristikb%C3%BCcher_in_Deutschland#2001_ff.

34 Vgl. Bartels; Jablonski 2002.

zung erfahren. Zur Rezeption ist die literaturwissenschaftliche Reflexion zu zählen.[35]

Hörbuch und Verfilmung

Zeitgleich mit dem Roman erschien auch eine Hörbuchausgabe (Sprecherin: Inga Busch, Bearbeitung und Regie: Gabi Rüth; Berlin: DAV, 2006). 2016 kam unter der **Regie von Florian Hoffmeister** eine Verfilmung des Romans in die Kinos, der ganz in Schwarz-Weiß gedreht ist und in dem Hans der am 11. September 2001 ums Leben gekommene Kollege Jakobs ist und Isabelle mit dem Künstler Andras in einer WG lebt. Die Rolle der Isabelle übernahm Julia Jentsch, die Jakobs Sebastian Zimmler. Neben dem Lob in anderen Rezensionen schrieb Carolin Weidner im SPIEGEL am 30. November 2016 über den Film:

Trailer und Interview mit Regisseur

„Der Film verzichtet auf jegliche Euphorie, seine Berliner Protagonisten wirken gelangweilt, unreif und sogar etwas beschränkt. Selbst das aparte Schwarz-Weiß, das Hoffmeister, der öfter als Kameramann (…) denn als Regisseur Filme macht, gewählt hat, lässt sie nicht sonderlich gut aussehen. (…) Im Roman verteilen sich die Perspektiven auf alle vier. Im Film ist es vor allem die Isabelles. Sie durchwandert die fremde Stadt, wartet auf Jakob, möchte sich einrichten, streichen. Was sie an ihm findet? Das will nicht einleuchten. Beide wissen weder mit sich noch mit dem anderen etwas anzufangen. Da ist keine Vision, außer ein bisschen Bürgerlichkeit, ein lauer Kinderwunsch und die Idee gemeinsamer Abendessen. / *Die Habenichtse* möchte darauf aufmerksam machen, dass all dies subtil ineinandergreift: die Ratlosigkeit, die Paranoia, das angespannte Gesellschaftsklima, die Geister der Vergangenheit und die Hoffnung, Zuflucht in der Liebe zu finden.“[36]

---

35 Vgl. die in der 1. Fußnote genannte Übersicht im Autorenporträt auf der Webseite der Universität Duisburg.

36 Carolin Weidner: *Lebensgefühl: grau*. In: Der Spiegel, 30. 6. 2016 (online unter: https://www.spiegel.de/kultur/kino/romanverfilmung-die-habenichtse-lebensgefuehl-grau-a-1123541.html.

Alfred Wolfenstein: *Städter* (1914)

Expressionist

Alfred Wolfenstein (1883–1945) wuchs in Berlin auf und kennt die seit dem beginnenden 20. Jahrhundert pulsierende und für viele Menschen aus dem Ausland anziehende Großstadt aus erster Hand, zumal er dort auch zum Juristen promoviert wurde. Im folgenden Sonett spiegelt sich sein düsterer Blick auf die menschliche Existenz; Wolfenstein nahm sich in Paris nach langjähriger Flucht vor den Nationalsozialisten das Leben.

„Dicht wie Löcher eines Siebes stehn
Fenster beieinander, drängend fassen
Häuser sich so dicht an, dass die Straßen
Grau geschwollen wie Gewürgte sehn.

Ineinander dicht hineingehakt
Sitzen in den Trams die zwei Fassaden
Leute, ihre nahen Blicke baden
Ineinander, ohne Scheu befragt.

Unsre Wände sind so dünn wie Haut,
Dass ein jeder teilnimmt, wenn ich weine.
Unser Flüstern, Denken .. wird Gegröhle ..

– Und wie still in dick verschlossner Höhle
Ganz unangerührt und ungeschaut
Steht ein jeder fern und fühlt: alleine.“[37]

---

37 Zitiert nach: Dietrich Bode (Hrsg.): *Gedichte des Expressionismus.* Stuttgart: Reclam, durchges. Ausgabe 2001, S. 171.

Peter Bichsel: *Stockwerke* (1964)

Kurzgeschichte

Peter Bichsel (geb. 1935, Luzern in der Schweiz) ist ein vielseitiger Autor mit politischem Engagement. Bichsel, Mitglied der Akademie der Künste in Berlin sowie der Deutschen Akademie für Sprache und Dichtung, wurde mit dem Kurzgeschichten-Band *Eigentlich möchte Frau Blum den Milchmann kennenlernen* (1964) schlagartig berühmt, aus dem die folgende Kurzgeschichte entnommen ist. Der Text thematisiert gleichermaßen im Brennglas der längeren Beobachtung eines Wohnhauses die Kehrseiten der urbanen Lebenswirklichkeit.

„Behelfsmäßig kann man sich ein Haus vorstellen, ein Haus mit vier Stockwerken, mit einer Treppe, die sie verbindet und trennt, mit einem Ziegeldach; ein Haus an einer Straße, auf teurem Boden hineingezwängt zwischen andere, die Fenster gegen die Straße gerichtet, den Eingang im Hinterhof.

Im Parterre würde niemand wohnen. Man hat noch nie jemanden gesehen im Parterre. Im Parterre ist dieselbe braune Tür, gesprungener Lack, Milchglasscheiben, blau gestreifte Vorhänge. Im Parterre wohnt vielleicht niemand.

Erster Stock: braune Tür, gesprungener Lack, Milchglasscheibe. Hier wohnt jemand.

Zweiter Stock: Hier wohnt auch jemand.

Und im dritten Stock wohnt jemand.

Wenn jemand auszieht, zieht jemand ein. Am ersten Tag riecht man es, riecht man die Vorliebe für Knoblauch oder den Ölgeruch des Mechanikers oder das Sägemehl des Schreiners, später vielleicht noch den Windelgeruch der Kleinen, aber dann, am dritten Tag schon, gehört der Geruch dem Haus, ist es wieder das Haus mit den vier Stockwerken.

Im zweiten Stock wohnt wieder jemand.

Die Türschildchen werden gewechselt.

Ein Telefonmonteur öffnet das Kästchen unten im Gang, ändert den Anschluss und flucht und ändert ihn noch einmal und geht. Vielleicht wohnt im Parterre doch jemand.
Im Frühling, am 4. April zum Beispiel, wirft die Sonne eine Zeichnung auf die Treppe zwischen dem zweiten und dritten Stockwerk, es ist dieselbe wie letztes Jahr.
Das Mädchen vom dritten Stock klopft im zweiten Stock und bittet die Frau höflich und schüchtern, ob es den Ball haben dürfe, der ihm vom dritten Stock auf den Balkon des zweiten Stocks gefallen sei.
Der Dachboden ist mit Latten unterteilt, jedes Stockwerk hat ein Abteil, jedes Abteil ist mit einem Vorhängeschloss gesichert, sicher werden hier auch alte Matratzen aufbewahrt, Fotoalben und Tagebücher, Spiegel.
Jemand kehrt den Dachboden alle zwei Wochen.
Hausierer pflegen, zuerst im obersten Stock zu läuten. Nachdem sie gefragt haben, ob weiter oben noch jemand wohne, gehen sie hinunter, läuten im zweiten Stock, dann im ersten, dann im Parterre. Die Hoffnung macht das Treppensteigen leichter, und enttäuscht kann man nur hinuntergehen. Hausierer haben mit Häusern zu tun. Förster haben mit dem Wald zu tun. Frauen haben mit dem Warten zu tun.
Häuser sind Häuser."[38]

Erich Fromm: *Haben oder Sein* (1976)

Sozialpsychologe

Der Titel von Hackers Roman lässt auch an Erich Fromms berühmtes Buch *Haben oder Sein* von 1976 denken. Der US-amerikanisch-deutsche Psychoanalytiker und Sozialpsychologe (1900–1980) unterscheidet darin zwei gegensätzliche Formen menschlichen Erlebens, wobei das „Haben" gerade in einer kapitalistischen (Konsum-)Gesellschaft dominiert und fortwährend gestärkt, wäh-

38 Aus: Peter Bichsel: *Eigentlich möchte Frau Blum den Milchmann kennenlernen. 21 Geschichten.* Suhrkamp Verlag Frankfurt am Main 1993, S. 7–9. © Alle Rechte bei und vorbehalten durch Suhrkamp Verlag Berlin.

rend dagegen das „Sein" (vereinfacht gesagt: das Glück im Hier und Jetzt) sträflich vernachlässigt werde.

„Die Alternative *Haben* oder *Sein* leuchtet dem gesunden Menschenverstand nicht ein. *Haben*, so scheint es uns, ist etwas ganz Normales im Leben; um leben zu können, müssen wir Dinge haben, ja, wir müssen Dinge haben, um uns an ihnen zu erfreuen. In einer Gesellschaft, in der es das oberste Ziel ist, zu haben und immer mehr zu haben, in der man davon spricht, ein Mann sei „eine Million wert": Wie kann es da eine Alternative zwischen Haben und Sein geben? Es scheint im Gegenteil so, als bestehe das eigentliche Wesen des Seins im Haben, sodass nichts *ist*, wer nichts *hat*.
Die großen Meister des Lebens haben jedoch in der Alternative zwischen Haben und Sein eine Kernfrage ihrer jeweiligen Anschauung gesehen. Buddha lehrt, dass nicht nach Besitz streben dürfe, wer die höchste Stufe der menschlichen Entwicklung erreichen wolle. Jesus sagt: ‚Wer sein Leben retten will, der wird es verlieren; wer aber sein Leben verliert um meinetwillen, der wird es retten. Denn was nützt es dem Menschen, wenn er die ganze Welt gewinnt, sich selbst aber verliert und Schaden erleidet?' (Lk 9,24 f.). Meister Eckhart lehrt, nichts zu haben und sich selbst offen und ‚leer' zu machen; sich selbst mit seinem eigenen Ich nicht im Wege zu stehen, sei die Voraussetzung, um geistigen Reichtum und Kraft zu erlangen. Marx lehrt, dass Luxus ein genauso großes Laster sei wie Armut, und dass es unser Ziel sein müsse, viel zu *sein*, nicht viel zu *haben*. (…)
Diese Unterscheidung hat mich seit Jahren beeindruckt. Ich suchte ihre empirische Grundlage durch das konkrete Studium von Einzelnen und von Gruppen mithilfe der psychoanalytischen Methode zu finden. Was ich fand, legte mir den Schluss nahe, dass diese Unterscheidung zusammen mit jener zwi-

schen der Liebe zum Leben und der Liebe zum Toten das entscheidendste Problem der menschlichen Existenz ist; dass die empirischen Daten der Anthropologie und der Psychoanalyse darauf hindeuten, *dass Haben und Sein zwei grundlegend verschiedene Formen menschlichen Erlebens sind, deren jeweilige Stärke Unterschiede zwischen den Charakteren von Einzelnen und zwischen verschiedenen Typen des Gesellschaftscharakters bestimmt.*"[39]

39 Erich Fromm: *Haben oder Sein. Die seelischen Grundlagen einer neuen Gesellschaft*. Aus dem Englischen von Brigitte Stein. Überarbeitet von Rainer Funk. München: Deutscher Taschenbuch Verlag, 2001, S. 27 f.

PRÜFUNGSAUFGABEN MIT MUSTERLÖSUNGEN 6

Die Zahl der Sternchen bezeichnet das Anforderungsniveau der jeweiligen Aufgabe.

Zwei weitere Aufgaben finden Sie nach kostenfreier Registrierung unter https://www.lektueren-verstehen.de in unserem Lektürehilfen-Portal.

Aufgabe 1 ***

Erörtern Sie, ob Sie der im Folgenden zitierten Auffassung der Literaturwissenschaftlerin Andrea Leskovec zustimmen können.

„Zunächst bestätigt der Text nämlich die klassische Dualität von Gut und Böse, bürgerlich und asozial, geordnet und verwahrlost. So stehen den »positiven« Figuren Isabelle, Jakob, Andras, Dave und Sara die zunächst eindeutig »negativen« Figuren Jim, Albert und Saras Eltern gegenüber. Allerdings weicht diese naive und konstruierte Dualität der dargestellten Welt einer zunehmenden Heterogenisierung, lässt sich doch das Verhalten der Figuren im weiteren Verlauf der Handlung nicht mehr eindeutig als das eine oder andere definieren."

(Andrea Leskovec: *Katharina Hackers „Die Habenichtse". Ein Roman über Gewalt?* In: LiLi. Zeitschrift für Literaturwissenschaft und Linguistik, H. 159/2010, S. 161–172, hier: S. 163)

Vorbemerkung:[40]

Diese Aufgabe erfüllt bereits gehobene Anforderungen, wie sie im Leistungskurs Deutsch zu erwarten sind. Neben profunden inhaltlichen Kenntnissen der Romanhandlung setzt sie die Fähigkeit voraus, innerhalb des Zeitfensters eine ganze Reihe von Entscheidungen zu fällen. Es muss die Aufgabenstellung in Form eines kurzen

40 Dieser Abschnitt der Erläuterung ist meines Erachtens für diejenigen, die es mit Prüfungssituationen vor allem im schulischen Bereich zu tun haben, nützlich, wenn zumindest kurz die Erwartungen vor dem Hintergrund der Aufgabenstellung angedeutet werden. Kurz wird auch auf Überlegungen eingegangen, die anzustellen sind, bevor man auch nur ein einziges Wort zu Papier bringt. Es können in diesem Kapitel der Erläuterung lediglich die wichtigsten zu erwartenden Ergebnisse skizziert werden.

sog. **Außentextes** verstanden werden; die einzelnen genannten Protagonisten gilt es vor dem Hintergrund der Formulierung von Andrea Leskovec in die genannten Dichotomien von Gut – Böse, Bürgerlich – Asozial, Geordnet – Verwahrlost einzuordnen und dabei zu verstehen, was diese Ordnungsmuster bedeuten. Zudem gilt es zu prüfen, ob die Protagonisten sich innerhalb der Handlung verändern. Und nicht zuletzt muss man eine ausgewogene Mischung aus zustimmenden und widersprechenden Argumenten (inklusive Belegen) zusammenzustellen. Kein Kultusministerium wird Texte anbieten, die einseitig beantwortet werden können.

Generell ist es zu empfehlen, den Hauptteil der zur Verfügung stehenden Zeit in die **Vorarbeiten** zu stecken. Wer einen guten Schreibplan mit bereits zurechtgelegten Argumenten und konkreten Belegen mit präzisen Seitenangaben vor sich liegen hat, wird für die Reinschrift nur noch wenig Zeit benötigen. Andernfalls muss doppelt und dreifach gearbeitet werden. Man müsste auf nichtssagende Stichworte in den Notizen blicken und überlegen, was diese eigentlich meinen oder welcher Textbeleg passend wäre, der erst einmal zu suchen ist. Für gewöhnlich ist das sog. Sanduhr-Modell einfacher zu handhaben.

Mögliche Lösung in knapper Fassung:

Die Literaturwissenschaftlerin Andrea Leskovec deutet den Roman über das Phänomen Gewalt. Die Kernthese lautet, dass die scheinbaren Gegensätze der Personen sich bei genauerem Hinsehen verlieren und die Protagonisten ungünstige wie positive Züge innerhalb der genannten Ordnungsmuster vorweisen. Es wären also insgesamt keine menschlich-charakterlichen Eindeutigkeiten gegeben. So würde beispielsweise Jim nicht nur böse, asozial und verwahrlost sein, sondern auch, zumindest in Ansätzen, bessere Seiten an den Tag legen. Umgekehrt würde z. B. Isabelle in ihrem Handeln oder in einer Einstellung etwas Negatives zeigen und nicht nur die bürgerlich strebsame Aufsteigerin darstellen, die ihr Leben im Griff hat. Damit würden die auftretenden Personen des Romans ein wichtiges Kriterium erfüllen, das Literatur von der sog. Trivialliteratur unterscheidet. In letzterer dominieren Charakterzüge, die klischeehaft sind, zur Eindimensionalität neigen und mitunter auffallend kitschig daherkommen, während in der sog. hohen Literatur die Vieldeutigkeit die Regel ist.

Für die These von Leskovec sprechen ambivalente Charakterzüge der meisten Protagonisten. Jakob schaut nicht auf sein Geld und ist großzügig darin, anderen seine Habseligkeiten zu überlassen oder etwas zu bezahlen (vgl. 3. Kapitel). Andras ist enorm hilfsbereit, wie sich im Umgang mit der todkranken Agenturchefin oder mit dem Obdachlosen Herrn Schmidt zeigt. Isabelle bemüht sich gleichfalls um die Agenturchefin, kümmert sich – wenn auch zu spät – um Sara und stellt sicherlich keine Ausnahme dar, was ihr allgemeines Verhalten im Vergleich zu vielen Menschen der westlichen Gesellschaft anbelangt. Besonders schwierig dürfte es fallen, an Sara und Dave etwas Negatives festzustellen. Sie sind nicht schuld an der Verwahrlosung ihres Hauses und ihres Äußeren, sie können nichts dafür, wie ihre Eltern sind. Dave übernimmt große Verantwortung für Sara und kümmert sich, so gut es geht. Und doch wird man fündig, wenn es gilt, genau hinzusehen, ob es weniger gute Seiten an den genannten Hauptpersonen gibt. Isabelles Verhalten der kleinen Sara gegenüber ist geprägt von Verdrängung, und in den letzten Kapiteln ist sie sogar grausam und zutiefst unsympathisch, beispielsweise als sie die Kleine im Garten einfach so zurücklässt. Jakob interessiert sich über mehrere Monate hinweg nicht im Geringsten für das, was seine Nachbarn anstellen und für Sara entwickelt er keine Empathie (R S. 131/F S. 114). Sogar Andras behandelt Magda nicht gerade ritterlich, wenn er sie für sexuelle Bedürfnisse ausnutzt, aber insgeheim an Isabelle hängt. Und auch wenn es schwerfällt: Dave lässt Sara über Tage allein bei ihren Eltern, obwohl er weiß, was das bedeutet. Selbst bei Sara ist festzuhalten, dass sie der Katze schweres Leid zufügt, auch wenn sie vom Alter und von ihren erlebten Kindesmisshandlungen her jede denkbare Nachsicht verdient.

Gegen die These von Leskovec könnte angeführt werden, dass man eigentlich gar nicht weiß, inwiefern die Eltern von Dave und Sara ihren Kindern etwas Gutes tun. Zwar spricht Sara im 8. Kapitel von guten Tagen, die sich ergeben, wenn ihre Eltern früh das Haus verlassen oder wenn der Vater einfach nur von sich hin stiert. Es dürfte allerdings klar sein, dass diese Formulierung Saras ihre Verzweiflung und ihre schlimme Kindheit nur noch mehr unterstreicht. Ähnliche Einwände gegen die These von Leskovec ließen sich über die Betrachtung von Jim und Albert erheben. Jims gewalttätiger Charakter erscheint zwar in einem etwas milderen Licht, wenn man seine kleinen Hilfsaktionen für Dave und auch Sara ins Kalkül zieht. Es strapaziert aber alle Maßstäbe, diese Hilfsbereitschaft festzustellen und gleichzeitig zu übersehen, dass Jim Dave schlägt und tritt, während er ihm hilft. Schwierig dürfte es sein, Jim das Verdienst zuzuschreiben, die Spirale der Gewalt an Sara durchbrochen zu haben, indem er Isabelle zwingt, genau hinzusehen (37. Kapitel).

Ein denkbares Fazit könnte sein, dass der These von Leskovec mit Einschränkungen zugestimmt werden kann. Es handelt sich durchgehend um Protagonisten mit ambivalentem Charakter und mehr oder weniger komplizierter Persönlichkeitsstruktur, wobei aber die auf Anhieb negativ wirkenden Protagonisten Jim, Albert oder die Eltern von Sara und Dave kaum Pluspunkte verbuchen können.

Aufgabe 2 **

Erklären Sie die Funktion der Badeteich-Episode (R S. 237–241/F S. 205–208) im Roman *Die Habenichtse* von Katharina Hacker.

Vorbemerkung:

Mit dem sog. Operator „Erklären" wird ein Aufsatz auf dem Anforderungsniveau II eingefordert, der sinnvoll gegliedert ist. Es bietet sich nach einer Einleitung eine inhaltliche Darstellung des Geschehens auf den genannten Seiten neben einer knappen Einordnung in den Kontext der Romanhandlung an, auf die eine textgestützte Erklärung ihrer literarischen Bedeutung folgt (eine abstrahierende Leistung); abgeschlossen von einem Fazit. Es ist eine Klausuraufgabe für ein eher begrenztes Zeitfenster.

Mögliche Lösung in knapper Fassung:

Die Badeteich-Episode aus dem 27. Kapitel des Romans *Die Habenichtse* von Katharina Hacker ereignet sich, als Isabelle schon länger in London lebt und sie mit ihrem Mann Jakob kein glücklich verheiratetes Paar mehr abgibt. Beide leben wohl unter einem Dach; er aber arbeitet gern und viel in der Kanzlei Benthams, und sie ist entweder mit ihrem Kinderbuchprojekt beschäftigt oder läuft stundenlang durch London. Im Drogendealer Jim hat sie offensichtlich einen für sie attraktiveren Mann entdeckt, während Jakob zunehmend vom Kanzleiinhaber Bentham fasziniert ist. Zu diesem Zeitpunkt haben beide erkennbar erotische Vorlieben jenseits ihrer Ehe. Jakob beobachtet nun, nachdem er ein Verbotsschild ignoriert hat („No men permitted beyond this point", R S. 237/F S. 205), an einem verregneten Junitag im Jahr 2003 (R S. 235/F S. 203) in einem verborgenen Gehölz eines Londoner Parks einen gutaussehenden jungen Mann, der sich nach einem kurzen Bad in einem idyllischen Badeteich einem älteren Mann darbietet und von ihm nach einer intimen Berührung („fasste mit der Hand nach seinem Penis", R S. 238/F S. 206) abtrocknen lässt. Aufgewühlt meint er in dem älteren Mann Bentham erkannt zu haben, läuft weg und fragt sich, ob er Isabelle von seinem Erlebnis erzählen solle.

Zunächst ist festzuhalten, dass die situative Einbettung (ein Park, es ist einsam, der warme Juni-Regen tröpfelt auf das Wasser) Assoziationen an ein kleines Refugium, wenn nicht gar ein Paradies weckt, denn bislang hat die dicht besiedelte Stadt London mit ihrem Lärm, Schmutz und all der Großstadtgewalt diesbezüglich nicht gut abgeschnitten. Kurz zuvor erst hat Jakob mit seiner Frau und Freunden einen Überfall erlebt (R S. 196–199/F S. 169–171). Insofern greift diese Episode das ungünstig belegte Großstadtmotiv im Kontrast zum Rückzugsort der Parks auf. Dass Jakob nun meint, Bentham erkennen zu können („Er war sich nicht sicher", R S. 240/F S. 207), ist mit einiger Sicherheit seinem Wunschdenken zuzuschreiben. Trotz der Distanz und der eingeschränkten Sicht im Regen will er „überdeutlich" an den Bewegungen („an der Bewegung", R S. 239/F S. 207) Bentham erkennen und wünscht sich in die Rolle des jungen Mannes aus einer schnell aufkommenden Leidenschaft heraus; sogar bevor er Bentham auszumachen meint: „(...) obwohl er Zuneigung, sogar Liebe empfand, für den Jungen, für Isabelle, Alistair, Bentham, spürte er seine Hände in den nassen Zweigen des Jasmin nutzlos und kalt." (R S. 238 f./F S. 206) Er läuft nach einigen Momenten schließlich emotional überwältigt fort: „ihm stiegen Tränen in die Augen"; „Er hatte das Gefühl zu schwanken" (R S. 239 f./F S. 207). Neben Eifersucht auf Alistair, der in den Augen Jakobs in den Genuss der zärtlichen Hände Benthams gekommen ist („diese Vertraulichkeit Alistair vorbehalten blieb", R S. 240/F S. 207), wächst in ihm die Unsicherheit, welcher Art die Szene letztlich gewesen ist. Er fragt sich, ob es nicht eine Demütigung des älteren Mannes und damit Benthams war oder ob es sich um „Liebe", „Übermut", ein „Spiel" (R S. 241/F S. 208) gehandelt hat. Schließlich martert er sich selbst mit dem Gedanken, wie er selbst hätte im Wasser posieren können, „ohne lächerlich zu sein" (ebd.).

Zusammengefasst legt diese Episode also die bisexuellen Neigungen Jakobs offen, die sich seit der ersten Begegnung mit Bentham angedeutet haben und nun in ein nahezu gedankliches Liebesgeständnis münden. Kurz darauf trifft Jakob dann in der Kanzlei auf Maude und erfährt weitere Details aus dem Leben Benthams (R S. 242 f./F S. 209 f.). Das Gespräch zeigt, wie sehr er sich mit dem älteren Mann beschäftigt. Daneben erfüllt die Episode einmal mehr die Kontrastierung von Stadt und Parks. Letztere ermöglichen den Stadtbewohnern eine Flucht aus dem Stadtleben und – nicht nur im Falle Benthams – die Chance, ihr Privat- und Liebesleben zu gestalten. Dass Londoner Parks aber keineswegs unschuldige Paradiese innerhalb der Stadt sind, wird durch die Mordserie verdeutlicht, der Frauen in den Parks zum Opfer fallen. Dadurch wird erneut die alles überschattende Gewalt thematisiert, mit der sich der Roman beschäftigt und der Empathie und (Nächsten-)Liebe innerhalb der erzählten Welt scheinbar recht chancenlos gegenüberstehen.

Aufgabe 3 ***

Vergleichen Sie das Gedicht *Städter* (1914) von Alfred Wolfenstein, die Kurzgeschichte *Stockwerke* (1964)[41] von Peter Bichsel sowie den Roman *Die Habenichtse* (2006) von Katharina Hacker unter dem Aspekt der urbanen Lebensumstände.

Vorbemerkung:

Die Vergleichsaufgabe erfreut sich großer Beliebtheit. Oft werden zu eingegrenzten Aspekten zwei Ganzschriften vergleichend in Beziehung gesetzt. Die oben genannte Aufgabe böte sich als anspruchsvolle Variation an, da sie den Prüflingen nach der Unterrichtseinheit zu Hackers Roman zwei vermutlich unbekannte Texte vorlegt, die gleich mehrere Vorzüge haben. Es sind literarische Abstraktionen des Themas Stadt, die sich mit den Lebensumständen in ihr befassen. Zudem zeigt die (literarische) Zeitspanne von 1914 bis 2006, dass Urbanität in der Moderne schon recht früh kritisch beäugt wurde. Nebenbei bemerkt sollte man deshalb

---

41 Vgl. Kapitel 5 Materialien dieser Erläuterung.

vielleicht etwas vorsichtiger mit der literaturgeschichtlichen These sein, dass sich vor allem die Gegenwartsliteratur nach der Jahrtausendwende mit großstädtischen Problemen befasse. Wer die in allen Texten verbindenden Aspekte erschließt und dann das schafft, was der Operator „Vergleichen" einfordert, nämlich die Gemeinsamkeiten und die Unterschiede in einer offenen Fragestellung ansprechend zu untersuchen und dann ein Urteil abzuleiten, der kann sich auf die Schultern klopfen lassen.

Mögliche Lösung in knapper Fassung:

Für gewöhnlich läuft in einem Sonett alles auf die Schlussaussage in der letzten Strophe hinaus und das ist hier nicht anders. Klassischerweise sind Sonette aus zwei vierzeiligen Strophen, den Quartetten, aufgebaut, denen zwei dreizeilige Strophen folgen (Terzette). In den zwei Quartetten werden zunächst die bauliche Enge der Stadt und anschließend die Gedrängtheit der Fahrgäste in einer Straßenbahn beschrieben, die sich „ohne Scheu" ansehen bzw. angesehen werden und dabei ihren Gedanken nachgehen. In den Terzetten wird das Ganze näher unter die Lupe genommen. Aufgrund der engen Wohnsituation und der dünnen Wände bleibt das Privatleben unverborgen, was durch das Paradoxon in V. 11 zum Ausdruck kommt. Trotz des Mangels an Intimsphäre und der Tatsache, dass die Bewohner so gut wie alle Freuden und Sorgen ihrer Nachbarn hören, wird mit dem letzten Terzett durch den Sprecher die deprimierende Botschaft formuliert, dass Distanz vorherrscht und „ein jeder" mit seinen Gefühlen „alleine" (V. 14) bleibe. Das Sonett von Wolfenstein blickt also kritisch auf den seltsamen Gegensatz aus urbaner Überfülle und Vereinsamung. Es blickt wie andere Texte des Expressionismus skeptisch auf die rapide wachsende Verstädterung in der Folge der Industrialisierung im frühen 20. Jahrhundert. Insbesondere die Lyrik dieser Epoche widmet sich ausführlich der Großstadt, namentlich der Entwicklung Berlins.[42]

In Bichsels parabolisch wirkender Kurzgeschichte dürfte in diesem mehrstöckigen Wohngebäude die hohe Mieterfluktuation auffallen. Dauernd wird ein- und ausgezogen, wobei es wohl auch dauerhaftere Bewohner zu geben scheint. Anonymität und fehlender Nachbarschaftskontakt sind dabei die allgemeine Regel. Nicht

---

42 Vgl. Vietta, S. 30–69.

ein Name wird genannt, stattdessen lebt der Text vom intensiven Gebrauch von Indefinitpronomina wie „jemand“ und „niemand“ (12-mal) oder „man“. Zudem finden sich nur unverbindliche Begriffe wie „Telefonmonteur“, „Türschildchen“ statt Namen oder „das Mädchen“ und „die Frau“, immerhin mit bestimmten Artikeln. Wenn „das Mädchen“ aus dem dritten Stock „die Frau“ im zweiten Stock „höflich und schüchtern“ um den heruntergefallenen Ball bittet, spricht daraus Distanziertheit. Das Paradoxon der Treppe zwischen den Stockwerken, die „verbindet und trennt“, beschreibt den Mangel an Nachbarschaftskontakten. Wären nicht die Koch- und Essensgerüche oder die gelegentlichen anderen Geräusche, erschiene das Gebäude wie ausgestorben. Der Erzähler gestattet den Rezipient:innen über Monate hinweg den Einblick in eine Wohngemeinschaft, die keine herzliche ist. Alles bleibt anonym.

Allen drei Texten ist folglich eine kritische Bestandsaufnahme der (Groß-)Stadt eigen. Es liegt in der Natur der unterschiedlichen Texte und ihrer Länge, dass die Fülle der Belege für die Probleme natürlich im Roman größer ist bzw. facettenreicher ausfällt. Das Sonett beschreibt pointiert Gedrängtheit und Vereinsamung, die Kurzgeschichte legt den Schwerpunkt auf Distanziertheit und Anonymität; die Wohnenge ist nicht thematisiert und Gefühle wie Einsamkeit sind kaum greifbar oder müssen erst durch den Reflexionsprozess der Rezipient:innen erschlossen werden. Die knappen Texte und ihre Fokussierung auf abstrakte Probleme des Stadtlebens überlassen allen Lesern:innen, weitere Überlegungen in diesem Zusammenhang anzustellen, während der Roman sogar von den Problemen ablenken kann. Es gibt ja laufend Gespräche, Ablenkungen, Mobilität, Telefonate, Mails. Und doch ist Vereinsamung im Roman greifbar, wie allein durch Sara erfahrbar wird (8. und 13. Kapitel). Auch Anonymität wird zügig als urbaner Lebensumstand deutlich. Jakob und Isabelle kennen ihre Nachbarn gar nicht, und umgekehrt haben auch die Nachbarn an den beiden kein Interesse.

Ein Aufsatz zur genannten Aufgabe müsste auf den entscheidenden Unterschied zu sprechen kommen, der den Roman von den anderen Texten trennt. Er thematisiert ausgiebig Gewalt in jeder Form. Die Gewalt gegen Sara und Dave wäre zu nennen, die wegen der Lautstärke in der Nachbarschaft gehört und nicht nur von Isabelle und Jakob ignoriert wird. Neben der familiären Gewalt gibt es dann die zwischenmenschliche, die zum einen innerhalb des Unterwelt- und Drogenmilieus vorherrscht, beispielhaft an Jim, Albert, Ben, Hisham und natürlich Mae zu sehen. Daneben kann jeder Bewohner in der Stadt Gewalterfahrungen machen, ob nun durch schlechte Nachrichten oder durch Überfälle. Und natürlich wird 9/11 behandelt. Neben der Gewalt setzt sich der Roman mit weiteren Themenfeldern auseinander, die in den Deutungsansätzen beschrieben wurden.

Aufgabe 4 **–***

Diskutieren Sie anhand geeigneter Textstellen die Bedeutung von Katzen für das Verständnis des Romans *Die Habenichtse* von Katharina Hacker.

Vorbemerkung:

Der sog. Operator „Diskutieren" wird in die Anforderungsebene III eingestuft und verlangt die argumentative Auseinandersetzung mit einer Fragestellung, die naturgemäß auch eine möglichst klare Antwort liefern sollte. Es bietet sich nach einer Einleitung die Sammlung unterschiedlicher Textstellen an, die anschließende Analyse der Funktion von Katzen im jeweiligen Zusammenhang und dann die abstrahierende Betrachtung, ob Katzen für die Aussagen des Romans bedeutungsvoll sind.

Mögliche Lösung in knapper Fassung:

Bei der Lektüre des Romans *Die Habenichtse* von Katharina Hacker wird man laufend mit Gewalt konfrontiert, wie allein der große politische Hintergrund von 9/11 und die folgenden Kampfhandlungen in Afghanistan und im Irak verdeutlichen. Das Leid der Menschen in der Folge des Anschlags bzw. des Krieg darf nicht vergessen machen, dass Gewalt sich nicht nur auf der großen Weltbühne ereignet, sondern innerhalb der Romanhandlung in vergleichsweise kleineren Zusammenhängen dargestellt wird und sich so eine differenziertere Betrachtung von Gewalt und ihrer Bedeutung für die Gesellschaft des 21. Jahrhunderts ergibt. Wenn man es so sagen darf, wird der erzählerische Zoom auch auf Katzen eingestellt. Dass es nicht nur um das Tier „Katze" gehen kann, dürfte bereits das 8. Kapitel zeigen. Die Kindheit Saras ist geprägt von häuslicher Gewalt, sodass sie sich „wie eine kleine

Katze hinter dem Sofa" (R S. 62/F S. 53) versteckt, wie ihr Bruder feststellt. Er nennt sie deshalb „little cat" (ebd.). Anders dagegen verhalte sich die Hauskatze der Familie, Polly, die auf dem Sofa sitze. Dave versucht damit, seiner kleinen Schwester Mut zu machen, deren Alltag von Geschrei, Eingesperrtsein und brutaler Prügel durch den rohen Vater bestimmt ist (z. B. R S. 160/F S. 137). Durch die Bezeichnung Saras als „little cat" wird eine literarische Parallele hergestellt und mit Blick auf die weitere Handlung ein Symbol bzw. eine Vorausdeutung entwickelt. Sara kann sich nicht gegen ihren Vater wehren und steht als hilfloses Opfer von Gewalt da, so wie es Katzen in der Folge nicht tun können, wenn die physisch überlegenen Menschen ihnen Leid zufügen. Im 17. Kapitel trifft Jim auf eine schwer verletzte Katze, deren Bauch blutet (R S. 111/F S. 94). Auch wenn er sie kurz streichelt, kümmert er sich nicht weiter um sie und stolpert kurz darauf sogar über das Tier (ebd.). Er beachtet es nicht. Bald darauf sieht er die Katze ein drittes Mal, ausgeblutet („als hätte jemand ihre Wunde neuerlich aufgerissen", R S. 119/F S. 101). Das dürfte durch ihn, wenn auch unabsichtlich, geschehen sein. Da unmittelbar zuvor Albert ihn hat zusammenschlagen lassen, ist abermals eine symbolische Parallele zwischen hilf- und wehrlosen Katzen und Gewalt an sich zu erkennen. Wie es scheint, intensiviert sich die literarische Situation, und Katzen werden zum Symbol für Gewalt schlechthin. Das Opfer ist Polly, Saras Katze. Im 28. Kapitel steigert sich die verwahrloste kleine Sara in eine Fantasiewelt hinein, in der ein böser Drache vorkommt. Um ihn zu töten, schlägt sie mit einem Knüppel nach ihm und verwundet Polly (R S. 259/F S. 223 f.). Als sie erkennt, was sie in einem Moment der Verblendung getan hat, ist sie außer sich vor Kummer und muss sich erbrechen (R S. 261/F S. 225). Nun kommt eine sich über mehrere Kapitel erstreckende Auseinandersetzung um Polly als Symbol in Gang. Isabelle ist Zeugin des Geschehens, und halbherzig versucht sie, dem unglücklichen Kind zu helfen. Dabei stellt sie Sara wegen des Hiebs zur Rede, zumal Polly immer noch blutet (R S. 266 f./F S. 229 f.). Sie nimmt Polly schließlich mit sich, kümmert sich eine Weile um sie statt um Sara (R S. 267 f./F S. 230) und schafft sie schließlich praktisch hinaus („hielt sie aus dem Fenster", R S. 269/F S. 233). Da Polly zutraulich wird und Isabelle nun regelmäßig besucht, während Isabelle nach einem Abend voller Alkohol schlechter Laune ist, fühlt sie sich allmählich von Polly genervt und stößt sie einmal rücksichtslos vom Fenster weg (R S. 277/F S. 239). Diese Situation wird von Jim beobachtet. Er beschließt, Isabelle zu sagen, sie sei nicht besser als er (R S. 293/F S. 253). Allerdings hat er unmittelbar zuvor Polly aus schlechter Laune heraus nach einem ärgerlichen Tag über eine Mauer werfen wollen und ihr dabei den Kopf zertrümmert (R S. 292/F S. 253). Einige Tage später im 32. Kapitel – nachts hat Isabelle von einer Katze geträumt – zeigt ihr Jim schließlich die verwesende Polly und konfrontiert sie mit ihrem Verhalten, wobei dieses Gespräch mit der sexuell motivierten Demütigung Isabelles durch Bauarbeiter und ihn selbst begleitet ist (R S. 313–315/F S. 271–274). Da diese Demütigung Isabelles im Finale des Romans noch gesteigert wird, ist es wie eine Vorausdeutung. Nebenbei bemerkt wirft er Isabelle ihre Gleichgültigkeit Polly gegenüber zurecht vor (R S. 316/F S. 273). Es dürfte sich am Symbol von Katzen und besonders Polly nicht nur die im Roman intensiv thematisierte Gewalt zeigen, sondern auch eine Auseinandersetzung mit den Gründen dafür. Rohheit (der Akt der Anwendung von Gewalt) ist begleitet von Gleichgültigkeit (der Mangel an Empathie und moralischer Reflexion ermöglicht Gewalt). Insofern dürfte den Katzen eine hohe (symbolische) Bedeutung für den Roman und seine Botschaft zukommen.

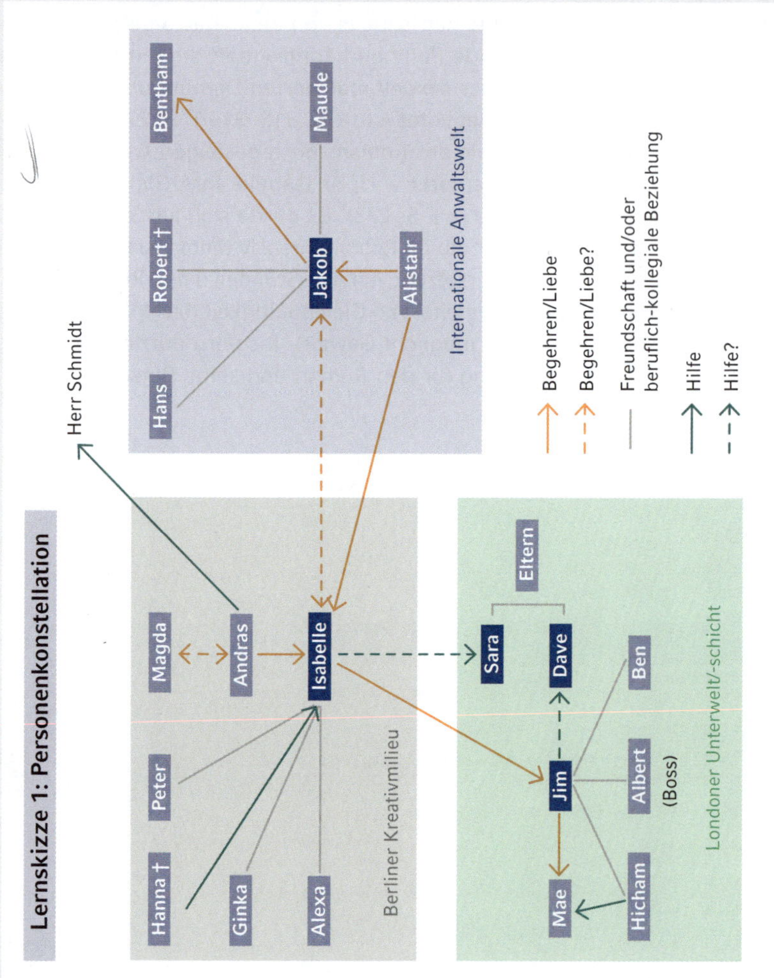
Lernskizze 1: Personenkonstellation
Hanna †
Peter
Magda
Andras
Ginka
Alexa
Isabelle
Berliner Kreativmilieu
Herr Schmidt
Hans
Robert †
Bentham
Jakob
Maude
Alistair
Internationale Anwaltswelt
Sara
Dave
Eltern
Mae
Jim
Hicham
Albert
(Boss)
Ben
Londoner Unterwelt/-schicht
Begehren/Liebe
Begehren/Liebe?
Freundschaft und/oder beruflich-kollegiale Beziehung
Hilfe
Hilfe?

Lernskizze 2: Die „doppelte Zeugenaussage“: 29., 30. und 32. Kapitel

29. Kapitel: Isabelle erlebt Alltagsfrust, kontinuierlich erzählt bis zum Stoß Pollys von der Fensterbank, nur kurz erwähnt, für sie unwichtig.

Polly wird vom Fenster heruntergestoßen: zeigt Gefühlskälte

30. Kapitel: Jim erlebt schlechten Tag, beobachtet genau Isabelles Umgang mit Polly, nimmt sich vor, sie darauf anzusprechen (verschweigt aber seinen Totschlag der Katze).

32. Kapitel: Jim stellt Isabelle zur Rede; erzwungener Rückblick auf Ereignis mit der Katze, wirkt wie doppelte Zeugenaussage zu einem Ereignis mit Symbolcharakter.

Lernskizze 3: Gewalt auf der Weltbühne und im Alltag in Katharina Hackers Roman

Kap.	Inhaltliche Aspekte im jeweiligen Kapitel	Erwähnter zeitgeschichtlicher Bezug
1	Einzug der Familie Saras in der Lady Margaret Road: „Alles wird anders“	Sonntag, 9. 9. 2001
2	Jakob trifft Isabelle bei einer Party wieder, Berlin.	Terroranschläge vom 11. 9. 2001
4	Mae ist hysterisch, in den Straßen Londons herrschen Angst und Alarmstimmung.	11. 9. und die Tage danach, die Politik positioniert sich; Trauer um Opfer
7	Traurige Gewissheit: Tod des Kollegen Robert	Folgen von 9/11
14	Isabelle und Jakob heiraten im August 2002.	
15	Weihnachten 2002	
16	Anfang 2003, Jakob denkt an sein neues Leben in London.	S. 93: Rückblick auf Afghanistan-Krieg, Kriegsleid, Terror, Furcht vor Krieg im Irak
18	Isabelle kurz vor Abflug nach London, Ängste vor Terror in Telefonaten	Alarmierte Öffentlichkeit, im Feb. 2003 gilt in den USA „Alarmstufe Orange“ (S. 108).
19	Erregte Diskussionen, Isabelles Umzug nach London (Bruchlandung)	Bushs Rede zur Lage der Nation über Massenvernichtungswaffen wird erwähnt (Jan. 2003), allgemeine Terrorangst in London.
22	Isabelle lebt in London in Sorgen, und nebenan steigert sich die Gewalt in Saras Familie (S. 151).	Aufruf im März, sich für Notfall zu bevorraten, Inspektoren haben im Irak nichts gefunden, Berlin votiert gegen Krieg (S. 140), Großdemonstration in London gegen Krieg.
23	Dave flieht vor dem Vater zu Jim.	20. 3. 2003: Beginn des Irakkrieges (S. 158)
24	Entfremdung von Isabelle und Jakob; Besuch des *King Lear*, Überfall auf Gruppe	Kämpfe gegen Restwiderstand im Irak (pocket resistance), Öffentlichkeit verliert Interesse.
27	Jakobs Erlebnis am Badeteich	Bush erklärt am 1. Mai 2003 das Kriegsende.
29–32	Das Opfer Polly	
34	Alltag; Jakob fliegt mit Bentham nach Berlin.	„unlawful killings“, Opfer ein 8-jähriges Mädchen, Folterverbrechen; der Krieg geht weiter.
36–38	Die Opfer Sara und Isabelle	

Lernskizze 4: Isabelle und das five-step-decision-making-Modell nach Latané/Darley (1968)

(Vgl. dazu Online-Aufgabe 6)

Die fünf Schritte bis zur Entscheidung, helfend einzugreifen (nach Latané/Darley, 1968)	**Isabelle in London, als sie die Gewalt an Sara und Dave in der Nachbarwohnung mitbekommt**
Erster Schritt: **Wahrnehmung der Situation** ▪ wird oft verdrängt, aus Zeitdruck z. B. oder in der Menschenmenge.	Über viele Wochen verdrängt Isabelle die eindeutigen Geräusche, auch wenn sie manchmal denkt, die Wand stürze ein (S. 151).
Zweiter Schritt: **Interpretation der Situation** ▪ Braucht jemand Hilfe? Was machen andere?	Isabelle bleibt passiv, stellt keine Nachforschungen an, nur aus Neugierde beobachtet sie durchs Fenster Saras Vater (S. 151).
Dritter Schritt: **Übernahme persönlicher Verantwortung** ▪ Studien zeigen: je größer der Kreis potenzieller Helfer, desto unwahrscheinlicher die eigene Initiative (Bystander-Effekt).	Isabelle zögert lange, Verantwortung zu übernehmen, berichtet nur in ihren E-Mails an Andras von Sara (S. 197, 199).
Vierter Schritt: **Einschätzung der Fähigkeit zum Helfen** ▪ Potenzielle Helfer fragen sich, wie sie helfen könnten, ob es angemessen ist oder für sie selbst womöglich peinlich.	Im 29. Kapitel steigt Isabelle nur widerwillig über eine Mauer zu Sara („Idiotie", S. 227, 230); sie fragt sich, was sie tun solle und wie sie das Ganze beenden könne (S. 228–232).
Fünfter Schritt: **Entscheidung zur Hilfeleistung und Kostenabschätzung** ▪ Letztlich muss entschieden werden, ob man wirklich hilft und was es einem abverlangt.	Keine echte Hilfeleistung: Sara wird zurückgelassen, Isabelle nimmt ihr sogar die Katze weg, kontaktiert nicht ihre Eltern. Die wirkliche Hilfe leistet Isabelle nur halbherzig nach der Gewalteskalation, als sie sich fragt, was sie tun solle (S. 304–306).

Lernskizze 5: Die wichtigsten Motive und Symbole im Roman

Die dichte Fülle der Motive und Symbole trägt zur Erkenntnis bei, welche Botschaften der Text vermitteln soll, und zur sorgfältigen Gestaltung des Romans (vgl. Kapitel 3.6 der Erläuterung).

Motiv/Symbol	Funktion/Belegstellen
„Alles wird anders" (sprachliches Leitmotiv, in Variationen)	steht für Veränderungen im Leben der Figuren, transportiert den nach dem 11. 9. 2001 oft zitierten Satz „Nichts ist, wie es mal war" in den Alltag: (Dave, Sarah: S. 7; Jim: S. 23; Andras: S. 37, 194, 287; Jakob: S. 93, 308 f.; Isabelle: S. 287, 308 f.)
„New concept, new life" (sprachliches Leitmotiv)	steht für die beruflichen und privaten Umwälzungen im Leben der Figuren (Isabelle, S. 34, Andras, S. 289)
Gewalt	Hauptmotiv im Roman, omnipräsent: in den Medien (z. B. S. 9), in Form verbaler (S. 221) bzw. körperlicher Gewalt (S. 137) in der Familie, der Mordserie an Frauen in London (S. 203) oder dem Irak-Krieg
Großstadt-Motiv	negativ besetztes Motiv, verdeutlicht Hektik, Gewalt und Anonymität (z. B. S. 170–173)
Parks	stehen für Entschleunigung sowie die Idylle auf dem Land
Wetter	Wetterumstände unterstreichen Gefühle, so im Falle Saras, die allein, traurig und misshandelt bei Regenwetter von den Eltern eingeschlossen wird (vgl. S. 73–76).
Blumen	Mit drei verwelkten Rosen wird der Status der Beziehung Jakobs und Isabelles angedeutet (vgl. S. 10); sie hat keinen Bestand.
Tiere	Sie heben Eigenschaften der Menschen hervor, richten aber auch Appelle an sie: Ein weißer Fuchs (S. 218, 262) deutet evtl. das Animalische im Menschen an, die Farbe Weiß Frieden und Unschuld. Katzen dürften die wichtigste Rolle spielen (vgl. 6. Kapitel der Erläuterung, Aufgabe 4).
Farben	Rot deutet Gewalt an (S. 174) und holt Sara über Isabelles Kinderbuch bzw. ihre rote Mütze (S. 105) sowie Jakob und Isabelle durch ihren Rotweinkonsum oder Isabelles Stiefel (S. 167) in den Kontext der passiven Zuschauer einer Kindesmisshandlung.
Verschlossene Türen (S. 309)	vermitteln ein denkbares Beziehungsende Jakobs und Isabelles
Flugzeuge	verdeutlichen Mobilität und Globalisierung, den Irak-Krieg oder über die Bruchlandung (S. 110 f.) die Zukunft Isabelles
Turnschuhe (S. 58, 153, 167)	stehen für Isabelles Unrast und ihre „unerbittliche Ziellosigkeit" (S. 110)

Lernskizze 6: Gegensatz von Großstadt und Land in Hackers Roman

Die Großstadt

- beruflicher Aufstieg für Jakob und Isabelle
- Konsum ohne Grenzen („um den Heidelberger, den Freiburger Provinzmief loszuwerden", S. 14)
- Modernität und Unterhaltung (S. 149)
- Träume von Neubeginn und Verwirklichung der Lebensentwürfe

↕

- gescheiterte Träume wie bei Jim (S. 159 f.)
- Verwahrlosung, Schmutz, „Lärm und Baustellen und Dreck" (S. 24)
- Parks als Ersatz für Naturidylle zur Entschleunigung (Pang's Garden: Imbissbude als Ersatz für das Landleben)
- Anonymität und Vereinsamung (wer bekommt die Situation von Sara und Dave mit?)
- Passivität und Teilnahmslosigkeit: „Man gewöhnte sich aber an alles, an die Obdachlosen, die quer über dem Gehweg lagen und über die man hinwegsteigen musste. An die Plakate, die nach Zeugen für Überfälle suchten." (S. 204)
- Gewalt in allen Formen
- „Idioten und Spanner und Mörder" (S. 173)

Das Land

- Vororte im Grünen für die Mittel- und Oberschicht: „(...) wo alles so friedlich war, dass sie keine Alarmanlagen einbauten und sogar die Fenster offenließen und einander vertrauten." (S. 24)
- Ausflugsziel für die gestressten Städter
- Sehnsuchtsort: „(...) dass sie einen Garten haben würden (...). Sie könnten im Garten Tee trinken, unter einem Kirschbaum, einem Nussbaum" (S. 26)
- Traum vom Ausstieg, nicht nur für Jim

↓

Seit der Zeit um 1900 ist die Stadt mit ihren widersprüchlichen Facetten ein bevorzugtes Thema, das mit „Faszination und Abscheu" (Wucherpfennig, S. 235) behandelt wird.

LITERATUR

Zitierte Ausgaben:

Hacker, Katharina: *Die Habenichtse*. Ditzingen: Reclams Universal-Bibliothek Nr. 14232, 2022. Zitiert als R.

Hacker, Katharina: *Die Habenichtse*. Roman. Frankfurt am Main: Fischer Taschenbuch, 2. Aufl. 2017. Zitiert als F.

Sekundärliteratur:

Alle, Katrin; Mayerl, Jochen: *Der Bystander-Effekt in alltäglichen Hilfesituationen: Ein nicht-reaktives Feldexperiment*. In: SISS. Schriftenreihe des Instituts für Sozialwissenschaften der Universität Stuttgart, Nr. 1/2010, S. 1–18.

Amann, Wilhelm: *‚Global Flows – Local Culture'? Katharina Hacker: ‚Die Habenichtse'*. In: Amann, Wilhelm; Mein, Georg; Parr, Rolf (Hrsg.): Globalisierung und Gegenwartskultur. Konstellationen – Konzepte – Perspektiven. Heidelberg: Synchron, 2010, S. 209–222.

Apel, Friedmar: *Nichts wird gut*. In: FAZ, 02. 10. 2006, online unter: https://www.faz.net/aktuell/feuilleton/buecher/romanatlas/katharina-hacker-die-habenichtse-nichts-wird-gut-1383827.html.

Auffermann, Verena: *Schlimme brave Welt. Katharina Hackers überzeugender Zeitroman „Die Habenichtse".* In: Die Zeit, 16. 3. 2006, online unter: https://www.zeit.de/2006/12/L-Hacker-TAB?utm_referrer=https%3A%2F%2Fwww.google.com%2F.

Auffermann, Verena: *Hackers „Habenichtse". Zufall, Zweifel, Zweischneidigkeit*. In: Die Welt, 24.06.2006, online unter: https://www.welt.de/print-welt/article224977/Zufall-Zweifel-Zweischneidigkeit.html.

Bahr, Petra: *Apokalypse: Und täglich grüßt der Weltuntergang*. In: Die Zeit, 14. 6. 2019, online unter: https://www.zeit.de/2019/25/apokalypse-katastrophen-endzeitstimmung-hoffnung.

Bartels, Inken: *Generation X. Zum inflationären Gebrauch des Begriffes „Generation" im aktuellen Mediendiskurs*. In: Vokus. Volkskundlich-kulturwissenschaftliche Schriften. Nr. 1, 2002, online unter: https://web.archive.org/web/20131029190221/http://www.kultur.uni-hamburg.de/volkskunde/Texte/Vokus/2002-1/generation-x.html.

Becker, Sabina; Hummel, Christine; Sander, Gabriele: *Literaturwissenschaft. Eine Einführung*. Ditzingen/Stuttgart: Reclam, 2. Aufl. 2018.

Becker, Udo: Lexikon der Symbole. 4. Aufl. Freiburg: Herder 1998.

Blecken, Gudrun: *Wie interpretiere ich? Eine Kurzanleitung*. Hollfeld: C. Bange, 2. Aufl. 2013.

Bucheli, Roman: *Lesezeichen: „Als alles anders wurde". Katharina Hackers ergreifender Roman „Die Habenichtse"*. In: Neue Zürcher Zeitung, 16. 5. 2006, online unter: https://www.nzz.ch/als_alles_anders_wurde-1.32499.

Fischer, Lars: *Interview über die Apokalypse. „Die Welt wird wieder untergehen."* In: Spektrum, 6. 5. 2021, online unter: https://www.spektrum.de/news/apokalypse-die-welt-wird-wieder-untergehen/1869820 → Interview mit dem Romanisten und Apokalypseforscher Robert Folger aus Anlass der Corona-Pandemie.

Fischer, Saskia: *„Der Wunsch die Augen nicht zu öffnen". Kunst, Medialität und Schuld in ‚Die Habenichtse'*. In: Der Deutschunterricht, Heft 2/2019, S. 46–55.

Fromholzer, Franz: *Unerbittlich ziellos? Messianische Zeit in Katharina Hackers „Die Habenichtse"*. In: New German review, Vol. 23/2008, S. 98–115.

Görner, Rüdiger: *Die Le(h)(e)re der Fülle. London in Katharina Hackers ‚Die Habenichtse'*. In: Neue Rundschau, Jg. 121, Heft 4/2010, S. 230–239.

Gösweiner, Friederike: *Einsamkeit in der jungen deutschsprachigen Literatur der Gegenwart*. (Angewandte Literaturwissenschaft, Band 9.) Innsbruck: StudienVerlag, 2010.

Harrer, Konrad: *Die neueste Topographie des Schreckens. Zu Katharina Hackers Roman „Die Habenichtse"*. In: Peter Hanenberg (u. a.) (Hrsg.): Kulturbau. Aufräumen, Ausräumen, Einräumen. (Reihe: passagem) Frankfurt am Main: Lang, 2010, S. 429–441.

Heideking, Jürgen; Mauch, Christof: *Geschichte der USA*. 3. Aufl. Tübingen/Basel: A. Francke Verlag, 2003, S. 518–536; 6. Aufl. 2008, S. 417–465.

Hill, Alexandra Merley: *Katharina Hacker: „Die Habenichtse"*. In: Focus on German studies, Nr. 14/2007, S. 169–171.

Jablonski, Guido: *Generation X. Selbst- und Fremdbeschreibung einer Generation. Eine literaturwissenschaftliche Studie*. Düsseldorf 2002, online unter: https://docserv.uni-duesseldorf.de/servlets/DerivateServlet/Derivate-2629/629.pdf.

Jarausch, Konrad: *Anfänge der Berliner Republik (1990–2012)*. In: Ulf Dirlmeier u. a. (Hrsg.): Kleine deutsche Geschichte. Stuttgart: Reclam, 2013, S. 490–506.

Kershaw, Ian: *Achterbahn. Europa 1950 bis heute*. Bonn: bpb, 2020.

Klages, Helmut: *Brauchen wir eine Rückkehr zu traditionellen Werten?* In: Aus Politik und Zeitgeschichte. B 29/2001, S. 7–14 (https://www.bpb.de/system/files/pdf/XDM3LM.pdf).

Kopp-Marx, Michaela: *Zwischen Petrarca und Madonna. Der Roman der Postmoderne*. München: C. H. Beck, 2005.

Laurien, Ingrid: *Katharina Hacker*. In: Hermann Korte (Hrsg.): KLG (Kritisches Lexikon zur deutschsprachigen Gegenwartsliteratur). München: edition text + kritik, Stand: 15. 5. 2014, online unter: https://www.nachschlage.net/search/klg/

Katharina+Hacker/723.html → erfordert einen registrierten Zugang, z. B. als Nutzer einer Universitätsbibliothek.

Ledanff, Susanne: *Hauptstadtphantasien. Berliner Stadtlektüren in der Gegenwartsliteratur 1998–2008*. Bielefeld: Aisthesis, 2009.

Leskovec, Andrea: *Katharina Hackers „Die Habenichtse". Ein Roman über Gewalt?* In: LiLi. Zeitschrift für Literaturwissenschaft und Linguistik, Jg. 40, Nr. 159/2010, S. 161–172.

Matzkowski, Bernd: *Wie interpretiere ich Novellen und Romane? Grundlagen der Analyse und Interpretation mit Beispielen und Analyseraster*. (Königs Lernhilfen.) Hollfeld: C. Bange, 1997.

Maurer, Michael: *Kleine Geschichte Englands*. Bonn: bpb, 2007.

Reinhäckel, Heide: *Literarische Schauplätze deutscher 9/11-Romane*. In: Sandra Poppe, Thorsten Schüller, Sascha Seiler (Hrsg.): 9/11 als kulturelle Zäsur. Repräsentationen des 11. September 2001 in kulturellen Diskursen, Literatur und visuellen Medien. Bielefeld: transcript, 2009, S. 121–138.

Reinhäckel, Heide: *Traumatische Texturen. Der 11. September in der deutschen Gegenwartsliteratur*. Bielefeld: transcript, 2012.

Sander, Julia Catherine: *Zuschauer des Lebens. Subjektivitätsentwürfe in der deutschsprachigen Gegenwartsliteratur*. Bielefeld: transcript, 2015.

Shafi, Monika: *New concept – new life. Bodies and buildings in Katharina Hacker's novel „Die Habenichtse"*. In: David N. Coury (Hrsg.): Globalization, German literature, and the New Economy. Toronto: University of Toronto Press, 2011, S. 434–446.

Todd, Emmanuel: *Weltmacht USA. Ein Nachruf*. Aus dem Französischen von Ursel Schäfer und Enrico Heinemann. 3. Aufl. München: Piper, 3. Aufl. 2003.

Vietta, Silvio (Hrsg.): *Lyrik des Expressionismus*. Tübingen/München: Niemeyer/dtv, 1976.

Wucherpfennig, Wolf: *Deutsche Literaturgeschichte. Von den Anfängen bis zur Gegenwart*. Stuttgart: Klett, 2010.

Internet- und Online-Quellen:

https://www.uni-due.de/autorenlexikon/hacker.php
Autorenporträt von Katharina Hacker innerhalb eines fortgeschrittenen Autorenlexikons zu deutschsprachigen Gegenwartsautoren, verfasst von Mitarbeitern der Universität Duisburg, mit ergiebigem Überblick über die Rezensionen zu *Die Habenichtse*.

https://www.katharinahacker.de/
Homepage von Katharina Hacker.

https://www.germanistik-im-netz.de/
GiN ist ein DFG-gefördertes Informations- und Serviceportal für germanistische Fragen und Recherchen an der Universitätsbibliothek Johann Christian Senckenberg in Frankfurt am Main.

Alle Links in diesem Band: Stand 21. 07. 2022.